# 城镇土地资源错配的经济与环境影响研究

Chengzhen Tudi Ziyuan
Cuopei de Jingji yu Huanjing
Yingxiang Yanjiu

杜俊涛 ◎著

中国财经出版传媒集团
经济科学出版社
Economic Science Press

图书在版编目（CIP）数据

城镇土地资源错配的经济与环境影响研究/杜俊涛
著．－－北京：经济科学出版社，2022.9
ISBN 978－7－5218－4074－2

Ⅰ.①城…　Ⅱ.①杜…　Ⅲ.①土地资源－资源配置－
影响－地方经济－中国②土地资源－资源配置－影响－环
境污染－中国　Ⅳ.①F323.211②F127③X508.2

中国版本图书馆 CIP 数据核字（2022）第 183056 号

责任编辑：李　雪　袁　溦
责任校对：杨　海
责任印制：邱　天

**城镇土地资源错配的经济与环境影响研究**

杜俊涛　著

经济科学出版社出版、发行　新华书店经销
社址：北京市海淀区阜成路甲 28 号　邮编：100142
总编部电话：010－88191217　发行部电话：010－88191522
网址：www.esp.com.cn
电子邮箱：esp@ esp.com.cn
天猫网店：经济科学出版社旗舰店
网址：http://jjkxcbs.tmall.com
北京时捷印刷有限公司印装
710×1000　16 开　12.5 印张　220000 字
2022 年 10 月第 1 版　2022 年 10 月第 1 次印刷
ISBN 978－7－5218－4074－2　定价：62.00 元

# 前 言

改革开放以来，中国经济保持着高速增长，成为全球第二大经济体。一个可观测的事实是：中国自改革开放以来经济的增长与市场化改革是同步的、中国经济结构性失衡与市场化不对称是相伴的。为了解决商品市场和要素市场改革步伐不一致问题，2020 年中共中央、国务院颁布实施了《关于构建更加完善的要素市场配置体制机制的意见》，将资本、劳动、土地、技术和数据这五大要素完整地纳入要素市场改革范围。然而，当前关于土地要素的市场化研究相对较少，更多的研究将关注的重点放在财政分权体制下的"土地财政"制度上。随着要素市场改革的进行和土地交易微观数据可知：越来越多的研究表明以招商引资、提升商服用地①和住宅用地价格以弥补财政缺口的"土地财政"导致了土地要素资源错配。系统地解答土地要素市场是否存在价格扭曲、土地资源错配带来的影响以及如何纠正土地资源错配，成为土地要素市场化改革中亟须解决的问题。

本书以 2007 ~ 2018 年的土地微观交易数据为基础，分析了中国 285 个城市商服用地、住宅用地和工业用地的价格差异，并以此为基础测度了各地区土地资源错配程度。基于统计分析和理论模型对土地资源错配产生

---

① 商服用地指商业与服务业用地，对应《土地利用现状分类（GB/T 21010 – 2017）》中的 (05) 商服用地。

的生态环境和资源错配影响进行评估，并对土地资源错配产生的原因进行讨论，从市场手段和行政手段两方面评估现有纠偏机制的作用。从土地要素市场化改革的视角出发，构建了土地资源错配影响环境污染的理论模型，并提出了新的非径向松弛变量方向性距离函数求解方法，在理论和方法上具有创新性。为评估土地资源错配的环境和经济损失、推动土地要素市场化改革以及纠正要素市场扭曲提供了完整的框架体系。

　　本书的研究主要包括七章：第一章为导论，对研究背景、选题意义和研究方法进行介绍。第二章为理论基础和文献综述，从理论层面讨论中国土地要素市场扭曲的原因，在西方经济学地租理论和产权理论、马克思地租理论以及财政分权理论的基础上，讨论中国土地要素价格的形成机制，对当前土地资源错配的文献进行评述。第三章对中国 285 个城市的土地资源错配水平进行测度，并利用统计描述、核密度分布、收敛性分析、基尼系数分解和空间相关性分析对土地资源错配的时空分布特征进行分析。第四章为土地资源错配的环境效率损失测度，通过构建包含土地要素和环境污染的生产函数，推导得到土地要素与环境污染的关系，以理论模型为基础设定计量经济学模型，采用广义矩估计、调节效应模型和空间计量模型，分析土地资源错配对环境污染的直接影响、作用机制和空间效应。第五章为土地资源错配的资源错配效应，提出一种新的非径向包含松弛变量的方向性距离函数（NSBMDDF）与共同前沿 Malmquist - Luenberger 相结合，测度各地区的全要素生产率及其增长率、全要素生产率缺口、技术资源错配和要素资源错配等指标；进一步构建面板 Tobit 模型，分析土地资源错配对全要素生产率及其分解项的影响。第六章为土地资源错配的纠偏机制，在驱动因素分析的基础上，提出基于行政手段和市场化手段的土地资源错配纠偏机制，利用双重差分模型（DID）研究自然资源离任审计制度对土地资源错配的影响，并基于土地要素市场化改革的发展，提出土地资源跨区域交易的框架体系。第七章为研究结论和政策建议。

　　本书适合自然资源管理等相关领域研究人员学习，也可以作为政策部门制定自然资源管理政策的参考。

　　本书是在作者博士论文的基础上修订、总结后的成果，并在写作过程中参考了多位国内外相关学者的研究成果。感谢我的导师，东北财经大学孙玉环教授在写作过程中的指导。同时还要感谢安徽财经大学宋马林教授对本书出版的支持。由于作者水平有限，书中难免有疏漏之处，恳请读者与同行的批评指正。

杜俊涛

2022 年 8 月

# 目　录
CONTENTS

# 导　论

## 第一节　研究背景和意义

### 一、研究背景

改革开放以来，中国经济取得了举世瞩目的成就。根据可比价计算，1978～2019 年，中国年均增长率达到 9.5%，现价国内生产总值（GDP）从 1978 年的 3678.7 亿元增长到 2019 年的 986515.2 亿元。2020 年，中国 GDP 突破百万亿大关，经济同比增长速度达到 2.3%，世界经济比重超过 17%，对全球经济增长贡献率超过 30%，使得中国成为受新型冠状病毒影响下全球唯一实现经济正增长的经济体以及全球经济复苏的重要力量。[①] 2020 年

---

① 数据来源：国家统计局；盛来运：不平凡之年书写非凡答卷：《2020 年国民经济和社会发展统计公报》评读（www. stats. gov. cn/tjsj/sjjd/202102/t20210228_1814157. html）。

也是中国扶贫攻坚收官之年，中国农村贫困发生率从 1978 年的 97.5% 到 2020 年全面脱贫，按照现行标准人均 GDP 超过 1 万美元，创造了人类经济发展史上的奇迹。

根据国际经验，经济高速增长的同时往往伴随着经济结构的动态调整和演进，然而中国经济增长奇迹的背后也面临着诸多结构性风险，如供需结构失衡、稳增长与防风险的平衡压力增加以及能源资源和环境制约等问题。当前研究针对其背后的原因展开了不同层面的讨论，其中，一个不可忽略的事实是：中国自改革开放以来经济的增长与市场化改革是同步的、中国经济结构性失衡与市场化不对称是相伴的。当前中国完成了商品市场的市场化定价，多数商品依靠自由市场能够有效地流动。但要素市场的改革却一直滞后于商品市场化改革进程、市场分割和技术壁垒导致要素流动受阻，进而产生要素市场在一定程度上的扭曲和错配。

要素错配一定程度为解释中国经济高速增长与结构性风险并存的"中国经济增长之谜"提供了分析的框架。当前中国普遍存在着劳动工资、资本价格和土地价格偏低的现象，较低的劳动价格释放出巨大的"人口红利"，依靠消费市场和劳动密集型产业的发展奠定了中国工业化发展的基础；较低的资本价格拉高了投资回报率，高投资、高储蓄、低消费带来了经济的高增长；较低的土地租金降低了企业的成本，促进人口向城镇集中，带来城镇化的发展和巨大的消费市场。但是，随着经济的发展，要素市场错配不仅阻碍了社会进步和创新，造成资源配置的效率损失，还导致消费和投资的失衡（赵新宇和郑国强，2020）。劳动工资偏低扩大了分配收入的差距，消费市场在短暂的繁荣以后开始缓慢增长；由于投资的高回报率，大量资本被锁定在高回报的重工业部门，重工业特别是高污染高能耗的产业成为地方经济的支柱产业，生态环境破坏和产能过剩问题突出；较低的劳动和土地要素价格使得企业缺乏创新激励，自主创新意愿较低，产业结构被锁定在全球价值链的中低端，产业升级转型困难。因此，要素市场化改革成为当前中国深化改革和经济高质量发展亟须解决的现实问题。

实际上，20 世纪 80 年代以来中国一直在积极探索要素市场化改革。

1993 年《中共中央关于建立社会主义市场经济体制若干问题的决定》首次明确提出了促进生产要素的市场化改革。这一会议明确了资本和劳动要素市场化的基本概念，对于土地要素却仅确认了其商品属性，没有纳入要素市场。2003 年党的十六届三中全会进一步明确了要发展资本市场，以促进生产要素资本化，但是要素市场化改革仍然受到多重制约。2013 年中共十八大将经济体制改革的重点聚焦于要素市场，提出要素市场发展需要发挥市场在资源配置中的基础性作用。随着 2017 年中国经济进入高质量发展阶段，粗放经济模式衍生的要素市场扭曲已经严重限制了中国市场化改革进程。为了进一步深化经济体制改革，2020 年《关于构建更加完善的要素市场配置体制机制的意见》正式颁布实施，将要素市场从传统的资本和劳动要素扩展到资本、劳动、土地、技术和数据五大生产要素领域，极大地扩展了中国要素市场改革的范围，成为中国第一份关注要素市场配置的文件。这促进了中国要素市场改革向先进生产力聚集方向发展，为建立完善的市场要素配置政策体系奠定了基础。

相比于其他要素，土地要素市场化改革缓慢且特殊。长期以来，土地资源被作为商品而非要素，且由于政府对土地资源的垄断地位，针对土地要素的理论与实践研究较少。首先，中国"人多地少"的矛盾使得在保障"18 亿亩耕地红线"的基础上，可利用土地面积十分有限，且多数可利用土地资源集中于中西部的地区，这进一步加剧了土地要素的结构性矛盾。其次，与劳动、资本和技术要素不同，中国土地所有制和土地出让上表现出"双轨制"特征：所有权上，农村土地所有权归属集体所有、城镇土地所有权归属国家所有造成城乡土地分割，城乡土地要素市场化进程不统一；土地出让上，无偿划拨与市场化出让并存，导致土地要素价格长期偏离市场价值。2002 年《招标拍卖挂牌出让国有土地使用权规定》的颁布结束了长期以来土地低价甚至无偿转让的现象，但是土地资源错配程度依然十分普遍，土地要素的市场化改革严重落后于其他要素市场化进程。2020 年《中华人民共和国土地管理法》修订以及土地要素市场化配置改革政策的发布，标志着城市土地要素市场化改革进入新时期。

党的十九届四中全会指出，当前城市治理是推进国家治理体系和治理能力现代化的重要突破口，而土地是城市的基本载体，城镇土地要素的市场化改革关系到国家治理体系的建设以及要素市场化改革的进程。由于地方政府以城镇土地出让作为推动 GDP 增长和获取财政收入的重要政策工具，使得"土地财政"现象日益严重，导致了中国土地市场的混乱和土地利用的低效率，这成为阻碍要素市场化改革的重要因素。当前中国要素市场化深化改革阶段，需要系统地回答土地资源错配程度如何测度、土地资源错配及其带来的影响、如何识别土地资源错配的驱动因素以及应该出台具有针对性的政策措施等问题。该政策的实施有利于中国土地要素市场化改革，并解释了"中国经济增长之谜"，将极大促进中国经济的高质量增长。

## 二、研究意义

### (一) 研究的理论意义

第一，通过微观数据库应用，为中国土地要素错配后续研究提供数据支持。2007 年以后，中国土地市场网对政府出让的每一笔土地交易进行公示，解决了长期以来无法获取可用的土地交易数据对土地要素市场研究的制约。通过对 2007 年 1 月 1 日至 2018 年 12 月 31 日接近 300 万条土地出让记录的统计处理，计算得到 285 个城市的分类型土地出让面积和价格，为土地要素市场化研究奠定了数据基础。

第二，为评估土地资源错配带来的环境效率损失和资源错配效应奠定理论基础。长期以来，针对中国土地市场研究更多的关注政府土地出让行为，衍生出包括"以地引资""土地财政"和"土地融资"等多种理论，但是较少针对土地价格及其错配的影响展开讨论。土地资源错配影响的评估，有利于扩展研究视角，为展开土地要素市场的进一步研究奠定理论基础。

第三，构建了要素错配研究的完整框架体系。从土地资源错配的角度出发，基于数据处理、错配程度测度、社会经济影响、驱动因素识别和纠偏路径的研究框架，形成了层次递进的研究逻辑，能为其他要素的研究提供一个完整的研究体系和框架，对于后续研究具有借鉴意义。

（二）现实意义

第一，为中国土地要素市场化改革提供指导。长期以来中国土地市场处于地方政府一级垄断控制下，土地要素市场化制度框架尚未建立，缺乏政策文件的支撑。关于要素市场的研究更多关注资本要素和劳动要素，这与长期以来中国将要素范围划定在劳动和资本，而将土地作为商品有关。近年来，中国逐步完善了要素市场制度体系建设，党的十八届三中全会关于要素市场的论述以及2020年《关于构建更加完善的要素市场配置体制机制的意见》的颁布，为土地要素研究提供了政策支撑，将要素市场的范围扩大到劳动、资本、土地、技术和数据。由此，针对土地要素的价格扭曲的研究能够为土地要素市场改革提供新的视角，对于要素市场化深化改革具有现实意义。

第二，有利于寻找经济增长新动力、解决区域差距扩大的问题。财政分权体制下的"土地财政"对中国经济增长具有重要的作用，然而事实上当前世界多数经济体采用的财政分权体系，却没有能够实现"中国式经济增长"。在当前中国增速降低，经济向高质量发展转变的历史前提下，从要素市场配置的角度讨论中国经济增长的内部机制，对于解释"中国经济增长之谜"，实现经济新的增长具有重大意义。同时，要素市场发展意味着要素流通障碍的破除和市场分割状态被打破，对于协调区域发展、实现共同富裕具有现实意义。

# 第二节 研究内容

## 一、核心概念界定

### （一）要素和要素市场

要素指的生产和经营活动所需要的基本资源投入，主要包括劳动、资本、土地和企业家精神等，中国将要素划分为五大要素，除了传统的劳动、资本和土地以外，技术和数据被纳入要素体系之中。在市场经济活动中，家庭提供要素而企业购买要素进行生产活动从而构成了要素市场，而要素市场的价格则由市场供求关系决定。根据要素种类可以将要素市场划分为劳动要素市场、资本要素市场和土地要素市场，与之对应的是各要素市场的价格，具体表现为资本利率、劳动工资和土地租金等。

在市场经济中，要素市场和商品市场的流通共同维护着市场的试运行并保证资源的合理配置。在完全竞争市场中，获得最大化收益是企业追求的目标。为了获得比较优势，企业选择合理的要素组合进行生产，降低了要素成本。企业按照市场价格支付给要素所有者劳动工资、资本利率和土地租金，从而形成对市场资源和国民收入的初次配置。一旦要素资源错配，无法反映其市场需求，那么市场经济的均衡体系就会被打破。

### （二）要素价格扭曲与资源错配

要素价格扭曲指的是市场机制在要素资源配置中的作用失效，由于市场失灵和政府干预，导致其市场价格和价值不匹配，要素流通机制受阻，要素不能够被效率较高的部门占有，扭曲的要素价格导致要素边际产出价值不匹配，从而形成要素的错配。

资源错配指的是资源配置脱离帕累托最优，导致不同地区或者产业部门之间边际产出价值的不相等。宏观层面而言，国家和地区之间的全要素生产率存在较大差距，这种差距的产生一方面由于技术壁垒，另外一方面主要是资源的配置方式差异导致。资源错配本质是边际产出价值的不匹配，谢和克列诺（Hsieh and Klenow，2009）从要素边际产出价值的角度出发，将资源错配定义为资本和劳动等生产要素在各部门之间的分配无效率。

因此，要素价格扭曲的含义是要素市场价格偏离其价值，劳动要素的扭曲更多地表现为城乡二元分割导致农村工资和社会福利偏低，资本要素的扭曲表现为利率管制和政府对信贷的干预，而土地资源错配则表现为两个方面：一是土地城乡分割表现出的城镇用地和工业用地价格；二是土地用途分割导致的住宅、商服和工业用地价格的差异，土地资源错配的原因更多地来源于地租"剪刀差"。而要素配置含义是边际产出的差异，指的是要素被生产效率较低的部门占有，要素价格扭曲是资源错配的一个方面。

## （三）效率损失

在经济学领域，经济行为的效力通常以经济效率进行衡量，经济效率不同于物理意义上的效率，指的是物品没有达到最优化配置的一种状态。效率损失指市场未处于最优运行状态时产生的社会成本，经济活动以低效率状态运行时，市场偏离其均衡状态，导致消费者剩余和生产者剩余的损失。因此，广义上效率损失也被称为是社会净损失或者无谓损失（deadweight loss）。狭义上，效率损失指的是经济活动中没有实现最优效率而导致的经济效率和潜在经济效率之间的缺口。

当经济系统出现无谓损失时，商品市场和要素市场没有达到帕累托最优，资源无法进行最优化配置，从而带来经济效率的损失。经济效率损失导致了生产者和消费者福利的损失，阻碍产业效率发展。而产生无谓损失或者效率损失的原因除了外部性、税收和补贴以外，垄断和价格也会导致效率损失的产生。在土地要素市场中，两级市场以及土地用途管制规则的约束导致不同用途土地供给和需求数量的失衡，进而带来了社会福利的净损失。

## 二、研究内容

本书主要由以下七章组成：

第一章为绪论。基于当前中国经济发展形势、要素市场化改革以及土地要素市场化进程，阐述选题的意义、方法和贡献。

第二章为理论基础与文献综述。首先，总结了理论基础，从西方经济学地租理论、马克思地租理论、财政分权理论和土地财政理论等方面分析了土地资源错配的理论基础。其次，对当前国内外土地价格扭曲的相关研究进行综述，基于现有研究不足进行扩展性研究。

第三章为土地资源错配的测度与特征描述。首先，根据中国土地公开交易数据，对中国各地区土地交易的面积、价格、用途和交易时间等进行信息修正，得到可用于统计分析的数据。其次，对土地资源错配的定义进行界定，确定土地资源错配的测度指标，对中国 285 个城市的土地资源错配程度进行测度。再次，综合利用探索性统计分析技术，对土地资源错配的时空趋势、区域差异和收敛特征等进行分析。最后，采用数据导向的全局搜索回归算法（Gsreg）筛选土地资源错配的影响因素，分析土地资源错配的驱动因素及其异质性来源，构建土地要素影响机制的回归模型；在此基础上采用相对重要性（relative importance，RI）分析，研究各驱动因素对土地资源错配的贡献程度；并使用再中心化影响函数（recentered influence function，RFI）回归模型对土地资源错配的异质性来源进行分解。

第四章为土地资源错配和价格扭曲的环境影响。首先，构建包含土地要素的生产函数，并推导得到土地出让的价格以及要素扭曲影响环境污染的基本逻辑，奠定全书理论基础。其次，在理论模型的基础上，构建土地资源错配影响环境污染的计量模型，以碳排放和综合环境污染指数为被解释变量，采用实证分析方法研究土地资源错配对环境污染的影响。再次，基于地方竞争和"以地引资"的基本逻辑检验资源依赖、引资竞争、环境规制和产业结构对环境污染的调节效应。最后，引入空间计量模型，分析土地资源错配对环境污染影响的空间溢出效应。

第五章针对土地资源错配的资源错配效应，提出一种新的非径向松弛变量方向性距离函数（non-radial slacks-based measurement directional distance function，NSBMDDF），并将这一方向性距离函数与共同前沿 ML 指数（mate-frontier malmquist luenberger，MML）相结合，测度包含非期望产出的全要素生产率（total factor productivity，TFP）来衡量中国经济的高质量增长水平，以解释土地要素价格背后的"中国经济增长之谜"。基于 TFP 计算得到中国经济高质量增长的产出缺口，分析土地资源错配带来的潜在经济效率损失。并将这一效率损失分解为技术资源错配导致的技术无效率和要素资源错配导致的资源配置无效率，分析土地资源错配对技术效率和资源配置效力的影响。进一步将资源配置效率分解为劳动要素错配、资本要素错配和土地要素错配，分析土地资源错配导致的要素错配效应。最后，通过对土地资源错配对资源配置效率的影响，分析土地要素价格影响 TFP 产出缺口的成因和路径机制。

第六章为土地资源错配的纠偏机制，分析行政手段在土地资源错配纠偏中的作用，以 2015 年开始试点推广的领导干部自然为资源离任审计制度为例，构建多时点双重差分模型（difference-in-differences，DID），分析自然资源离任审计对土地资源错配的影响。此外，探索市场化手段在土地资源错配纠偏中的作用，提出土地资源跨区域交易与增减挂钩的市场化调节制度框架。

第七章为研究结论和政策建议，对全书的研究进行全面的总结。

# 第三节　研究方法和技术路线

## 一、研究方法

### （一）理论模型分析

设定包含土地要素的生产函数，并通过理论推导得到土地资源错配与环境污染之间的相互关系，一定程度上为土地利用与环境之间关系的理论研究做出了贡献。提出一种新的非径向松弛变量方向性距离函数（non-radial slacks-based measurement directional distance function，NSBMDDF）求解方法并将其与马尔奎斯特·卢恩伯格（malmquist lunerber，ML）指数相结合，对中国全要素生产率及其缺口、技术和投入要素的资源错配水平进行测度。通过生产函数分析土地资源跨区域交易边际收益问题，为中国土地资源配额市场化交易和区域增减配额提供理论指导。

### （二）统计分析与计量经济实证研究相结合

首先，通过对中国土地市场网微观交易大数据的挖掘、筛选和处理，得到了各地区较为准确的土地价格，并基于这一数据库对土地资源错配程度进行了测度，综合运用核密度、收敛性、基尼系数和空间相关性等统计方法对土地资源错配的特征进行探索性数据分析。其次，构建计量经济学模型，对土地资源错配影响环境污染、资源错配的效应进行回归分析，并使用双重差分法构建自然资源离任审计制度的"准自然实验"，分析土地资源错配的影响及其驱动因素。

### （三）定量分析与定性分析相结合

对土地资源错配的理论基础和文献进行了定性分析，明确了土地资源错配的含义及其产生的理论基础。基于定性分析，对土地资源错配进行了定量测度，并运用统计和计量工具对现有数据进行分析，得到土地资源错配对环境和资源配置的影响。由于在对土地跨区域交易和配额增减挂钩研究时新政策尚未实施，因此采用定性分析方法给出跨区域交易的基本方案。

## 二、技术框架

基于以上研究内容和研究方法，图1-1列示了研究的基本框架，包括了研究的基本内容、研究思路和研究方法。

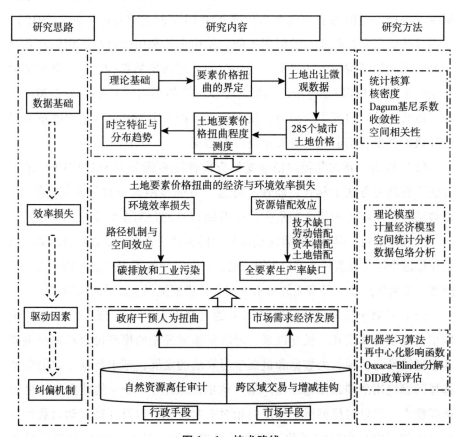

图1-1 技术路线

# 第四节 研究创新和不足

## 一、研究的创新

（1）构建了土地资源错配影响环境污染的理论模型，在理论方法上具有创新性。越来越多的研究证明土地利用直接或者间接影响着大气环境，如工业用地与工业污染排放直接相关；城市扩展导致了森林和草地面积减少，极大地削弱了大气污染的吸附和净化能力（Qiu et al.，2019）。然而这些研究多数基于自然因素方面，使用土地利用模型和地理信息系统研究土地利用结构导致的下垫面变化对于环境污染的影响，较少研究能够从经济学的角度探讨土地资源错配对环境污染的影响（Miri et al.，2019）。将土地要素纳入研究生产函数，从理论上分析了中国要素市场化改革不对称导致的要素价格的扭曲和要素资源的错配。

（2）提出了新的非径向松弛变量方向性距离函数（NSBMDDF）求解方法，在研究方法上具有创新性。将这一方向性距离函数与共同前沿 ML 指数结合，测度了中国全要素生产率及缺口。通过对全要素生产率及其缺口的分解和回归，揭示土地资源错配导致的劳动、资本、土地和技术要素错配在促进中国全要素生产率（TFP）增长的同时导致了生产缺口的扩大。为测度全要素生产率、经济无效率水平和资源错配提供了新的求解方法。

（3）针对土地资源错配驱动因素的选择与分析，扩展了统计和计量模型的变量选择范式。长期以来，经济学领域理论的模型设定和选择主要基于理论导向，随着大数据和机器学习算法的发展，基于数据导向的模型选择问题应用范围越来越广泛。第六章依次采用了 Gsreg 的数据导向模型选择技术、变量对模型贡献程度的相对重要性分析以及变量变动对数据分布趋势的再中心化影响函数，综合了机器学习、计量经济学和统计学方法，为数据驱动的经济学研究范式提供了新的思路。

## 二、研究的不足和展望

（1）土地资源错配的测度方法有待深入研究。以市场化程度较高的商服和住宅地价与受到人为干预较大的工业地价作为土地资源错配的测度指标，虽然一定程度上能够反映土地资源错配程度。但是由于城市区位导致工业地价原本就低于商服和住宅地价，很难就土地资源错配的具体程度进行准确测度，仅能够得到相对指标。因此，研究包括土地在内的其他要素市场化指数和错配程度的指标，是中国要素市场化建设过程中需要最先解决的问题。如何选择统计指标和统计数据得到科学合理的要素错配程度测度方法是值得深入讨论的问题。

（2）基于中国土地市场网公布的微观数据来获取土地价格，相比而言具有一定的数据优势和创新。从 285 个城市的角度进行研究，但是没有针对具体的土地出让对象和行业进行研究。因此，将土地出让与微观企业数据相结合测度土地投资在企业投资中的作用、对企业成本的影响，对企业劳动、资本和技术要素配置的影响相比较于区域数据更具有优势，目前缺乏可获取的企业微观数据是这一研究的主要限制。

（3）土地要素对资源配置的理论研究仍然需要加强。通过构建土地要素影响环境污染的经济学理论模型，提出新的方向性距离函数测度全要素生产率及其分解项，极大地扩展了土地要素研究的理论和视角。但是由于现代要素资源配置理论仍然处于发展时期，较少关注中国土地要素市场，该领域的理论发展较为薄弱。针对要素市场的研究能够为土地要素在内的要素市场解释"中国经济增长之谜"，促进中国经济从粗放型向高质量发展提供新的思路。

第二章

# 理论基础和文献综述

本章总结了土地资源错配的形成和驱动机制的基础理论，对国内外研究进行综述并分析现有研究的不足，从而奠定全书理论与实证检验的基础。土地资源错配的来源可以基于地租理论和区位理论进行解释，同时中国独特的财政分权体制及其衍生的土地财政也是土地资源错配形成的重要因素之一，在梳理理论的基础上，对当前要素市场和土地资源错配的研究进行综述。

## 第一节　土地资源错配的理论基础

### 一、地租理论

#### （一）西方经济学地租理论

地租是土地经济学和城市经济学中一个重要的概念，威廉·配第（William Petty）针对地租的讨论中认为地租是生产过程中扣除资本和劳动投入以外的其他投入，同时定义了由于劳动生产率差异和市场距离远近不同而导致的地租差为级差地租。弗朗瓦斯·魁奈（Francois Quesnay）从"纯产品"的角度来定义地租，认为扣除生产和生活成本以后产品剩余的"纯产品"就是地租，对地租进行了明确的定义。詹姆斯·安德森（James Anderson）则进一步的对地租的含义进行了讨论，认为地租来源于对土地的劳动产出所形成的超额利润，这一理论为级差地租 II 的发展奠定了理论基础。亚当·斯密针对地租理论进行了更加详细的专题探讨，认为地租产生的根本原因是"土地使用的代价"，即地租来源于工人劳动、土地所有权和土地自然条件的差异。同时亚当·斯密探讨了不同利用形式的土地地租，如谷物地租和矿产地租等。大卫·李嘉图（David Ricardo）系统地总结了地租理论，并提出了级差地租理论，认为级差地租可以划分为级差地租 I 和级差地租 II。

古典政治经济学针对地租的概念、分类和来源进行了讨论，为近现代西方经济学的地租理论提供了基本理论支撑。随着社会生产力的发展，现代地租理论进一步扩展了地租的概念和内涵，重点开展对土地价格的讨论，认为土地价格主要来源于三个方面：供求关系、价格机制和土地产权。

（二）马克思地租理论

马克思认为，地租指的是通过出租土地获得经济报酬的一项经济活动，是土地所有权和社会关系的反映。根据马克思地租理论的分类，地租按照其形成条件可以划分为级差地租、绝对地租和垄断地租三种基本形式。

马克思将资本主义生产关系中的地租归为土地所有者获取的剩余价值，地租的来源是个别土地的价值与社会土地价值之间的差额，因此称为级差地租。对于位置和生产率有差别的土地而言，在土地上从事经济活动的生产率必然是不同的，也就造成了土地产量的差异。由于市场条件下商品是按照产品的社会价格进行销售，优质土地获得的产品可以获得一定的超额利润。土地是有限且不可再生的，那么具有形成垄断的自然条件，少数先进生产的企业通过对土地经营上的垄断来获得稳定的超额利润。因此，马克思认为：资本主义条件下级差地租产生的基本条件是优越的自然条件，其根本原因是土地的有限性以及经营的垄断性。

级差地租根据其形成的条件，可以进一步的划分为级差地租Ⅰ和级差地租Ⅱ。级差地租Ⅰ是由于土地自然条件和距离市场的远近，其产量和运费有所差别，影响土地超额利润的获取产生的地租差异。级差地租Ⅱ指的是同一块土地上由于劳动生产率的差异从而影响超额利润所产生的地租差异。

马克思认为：随着社会大生产的发展，生产率的提升和投资的追加可以弥补土地自然条件带来的不足，使得无论什么类型的土地都必须缴纳租金，这就产生了绝对地租。土地所有权的垄断是绝对地租产生的原因，而市场价格超过价值且高于产品的价格所产生的余额形成的垄断价格是绝对地租的来源。

对城市土地而言，地租来源于建设住宅、厂房等使用土地而支付的租金。根据马克思理论，建筑地租同时包含了级差地租、绝对地租和垄断地租。与农业用地主要用于生产不同，城市土地主要作为建筑用地来使用，因此土地位置在城市土地价差地租中的地位极其重要。由于土地私有制的存在，所有城镇土地都需要支付绝对地租。同时，城市土地利用由于其位置的特殊性，如城市繁华地段其生产者的产品价格更具有垄断优势，从而获取垄断利润，而城市土地的稀缺性带来的土地所有权的垄断进一步产生了垄断地租。

（三）中国地租特征

对中国而言，也存在级差地租、绝对地租和垄断地租。首先，级差地租来源于土地质量的自然条件差异和投资活动，这是级差地租形成的客观物质条件。与资本主义地租不同，中国土地归集体和国家所有，属于社会主义公有制，因此中国的级差地租反映的生产关系是土地所有者和使用者之间对于超额利润的分配，而非资本主义雇佣关系形成剥削带来的超额利润。中国土地的级差地租反映在不同地区之间、不同单位之间的地租差异。中国农村土地归于集体所有，城镇土地归属国家所有，那么土地产生的级差地租Ⅰ本质是归属集体和国家所有。而基于土地的投资活动产生的级差地租Ⅱ则归属于土地使用者，同时国家针对土地活动展开投资，因此级差地租Ⅱ的一部分本质也应该归属国家所有。

中国土地归属国家所有，消除了土地私有制，但是土地所有权和使用权相分离且由于当前中国生产力的限制，目前依然存在土地经营垄断，存在绝对地租的生产关系。但是中国土地绝对地租具有自身特色：土地归属集体和国家所有，对于国有土地而言，将土地出让给单位或者个人进行使用，收取土地出让金且向国家上缴地租，反映了土地所有权关系；土地使用者之间土地使用权的转让反映了社会主义市场经济条件下的租赁关系。

总而言之，中国作为社会主义国家，土地归属国家和集体所有，但是依然存在土地转让关系，土地使用者通过支付地租获得土地使用权。地租是中国社会主义条件下土地有偿使用的基本依据，为市场经济条件下土地管理、土地价值制定和土地供需矛盾调解提供了理论依据。

## 二、区位理论

区位指的是人类社会经济活动在空间上的相互关系，具体而言指的是人类社会经济活动与地理的有机结合。经过实践和理论的发展，衍生出经济地理学四大区位理论：农业区位理论、工业区位理论、中心地理论和城市利用区位理论。德国经济学家杜能（Johonn Heinrick Von Thunen）是首位针对区位理论进行系统论述的经济学家，他将地区假设为只有一个中心城市的农业用地的理想状态，分析市场价格和区位地租的影响因素，并将城市土地利用划分为同心圆形状，认为中心城市市场需求大，其地租相对较高；而小城市由于人口和市场较小，土地租金较低，这也即是著名的

"杜能圈"（杜能，1986）。韦伯（Alfred Weber）在农业区位论的基础上，提出了工业区位理论，其核心是根据运输、劳动力分布以及产业集聚等情况提出工业生产成本最低点是原料和产品总运费之和最小的地区。韦伯（1997）在《工业区位论》一书中对经济集聚和竞争优势等的论述，奠定了新古典区位理论的开端。中心地理论是克里斯塔勒（Walter Christaller）和廖什（August Lösch）提出的一种论述中心地区产生原因、分布状况和规模的理论。该理论认为处于中心或者关键位置的地区具有更加完全而丰富的市场，能够为周围地区提供更加广泛的商品和服务，中心的规模越大其服务的半径也越大。中心地理论为城市化研究奠定了理论基础，随着城市化的发展，逐渐形成了城市利用区位理论（林锦屏等，2021）。

根据城市区位利用理论，城市从中心向外缘依次形成了中心商业区（central business district，CBD）、住宅区和工业区，不同功能区之间产业布局获取利润的差异导致了地价的差异，支付能力高的产业位于城市中心，形成圆形、扇形以及多中心的城市土地利用结构。城市区位利用理论一定程度上说明了商业和服务业用地、住宅用地和工业用地在城市中的空间布局和土地价格特征。从宏观角度来讲，政府部门为了保障城市经济的运行，对城市土地利用的结构进行规划，最大化利用不同区位的土地，以取得最优的经济效率；从微观层面来说，企业也会根据自身产业特征、利润等选择成本最小或者收益最大的区位来布局产业。这就决定了当前城市化过程中商业和服务业用地的土地价格较高但是需求面积较小，一般位于商业中心；居住用地需求量与城市人口规模关联性强，基本围绕商业中心外围布局；而工业用地需求面积大，距离 CBD 较远，地价较低。

具体到中国城市化发展进程，中国土地利用基于土地利用规划，商业区、住宅区和工业区的土地基于政府土地供应计划确定区位、面积和价格，虽然基本上遵循了城市区位利用理论，但是政府在土地利用布局上的调控对中国城市土地利用起到了决定性的影响。政府部门通过供地计划的调整，提高土地利用价格，改变城市功能区分布，进而导致城市土地价格发生变化。

### 三、土地财政理论

为了获得足够的财政收入并实现经济的快速增长，地方政府将土地作为政策工具，土地出让作为经济发展和财政收入的保障，实行地价补贴的"以地引资"竞争策略，优先发展工业化。由此，产业发展和人口集聚水平不匹配，造成了土地利用效率的低下，产业和人口集聚程度不足使得人口城镇化的发展速度明显滞后于土地城镇化速度，带来了城镇化发展过程中的"半城市化"（peri-urbanization）现象（Lu et al.，2019；刘琼等，2018）。地方政府为了实现经济的高速增长，增加土地出让面积、干预土地出让价格以吸引流动性资本进入，部分地区由于缺乏吸引产业的资源禀赋，通过降低环境规制水平来吸引高污染高能耗产业集聚，引发"逐底竞争"（杨其静和彭艳琼，2015；杨其静等，2014）。特别是对中小城市和东西部地区，资源禀赋的缺乏使得本地区经济集聚水平较低，缺乏产业发展的资本和劳动条件，为了吸引产业，通过降低土地价格，为企业提供土地出让的"制度补贴"争夺对 GDP 贡献较大的部门。也有部分地区在"土地引资"过程中，降低环境规制标准来吸引高能耗高污染企业进驻，在促进本地区经济发展的同时，产生了"污染避难所"。最终导致地方政府环境治理和土地资源保护的激励和约束不足，经济增长方式被锁定在粗放增长路径上，严重损害了地区环境治理和区域环境福利绩效，阻碍了中国经济的高质量发展（宋马林和金培振，2016；闫先东和张鹏辉，2019；余靖雯等，2019；张少辉和余泳泽，2019）。

土地既是一种要素也是一种自然资源，因此，自带了自然资源的准公共物品属性和外部性特征。一方面，市场失灵将会导致土地要素的价格扭曲和错配，需要政府部门进行土地利用规制；另一方面，土地国家所有的产权制度与地方政府在土地出让权利之前实际上形成了委托代理的受托责任，地方政府土地出让本质上是代替国家和居民行使土地管理职能。由于信息不对称，中央政府和地方政府之间产生了委托代理的逆向选择和道德风险，使得"土地财政"行为更加难以监督（刘玉廷和武威，2019）。中央政府和省级政府对于下级政府的土地利用更多的是监管和审批，由于现有监管体制的限制，很难针对地方政府的土地出让行为进行全面监管，使得地方政府土地管理的责任缺失不能被及时发现，导致中央和地方之间在"土地财政"上的非合作博弈（Wang et al.，2017）。中央政府的目标在于维护土地资源安全和可持续利用，而地方政府依靠土地财政获取短期经济增长收益，使得土地财政成为为地方政府服务的政策工具（Wang et al.，2017；Zhou et al.，2017）。

随着土地出让形式的"招拍转"改革，土地出让的市场化进程不断加速，土地配额出让逐渐被市场出让替代，但是土地市场化改革并没有改变地方政府在土地出让中的垄断地位，而且进一步的增加了地方政府对土地财政的依赖，最终形成了政府干预和市场化相结合的土地要素价格形成机制。在这一机制中，地方政府只要遵守中央政府的土地利用规划，就可以对土地出让的面积、价格等具有较大程度的自由裁量权，土地出让的价格受到地方政府土地出让面积和形式等的影响（Jiang et al.，2016；张莉等，2020）。2020年修订实施的《中华人民共和国土地管理法》规范了地方政府土地出让的流程，首先，地方政府，特别是地级市政府根据自身土地状况和发展需求制定土地利用规划和国土空间规划；其次，中央或者省级政府对地方政府的土地利用规划进行审核，确定土地出让的面积、功能和出让形式；最后，地方政府出让土地并接受中央和省级政府的审核和追责（汪冲，2019）。在这一过程中，地方政府尤其是地级市政府进行土地规划制定以及土地出让，是地方政府不断强化对"土地财政"依赖的重要原因（冀云阳等，2019）。在缺乏外部监督约束的情况下，地方政府通过土地出让来促进经济增长并缓解财政压力，人为的扭曲土地要素价格，不仅导致了土地资源的低效率，还进一步增加了地方政府的债务风险，给土地资源的可持续利用带来严重威胁（李玉龙，2019）。

# 第二节 文献综述

## 一、要素市场扭曲的研究

当前针对要素市场扭曲的定义和来源，部分学者展开了讨论。巴格瓦蒂等（Bhagwati et al.，1985）认为，造成市场扭曲的主要原因是市场内生扭曲和政策引致扭曲。谭洪波（2015）认为要素市场的扭曲指的是要素在市场上的流动受到阻碍、要素价格刚性以及要素价格差异。陈琳等（2016）认为，由于长期的计划经济影响，要素市场没有完全放开，使得政策引致扭曲成为中国要素市场扭曲的主要原因之一。首先，改革开放之前，受计划经济发展模式的影响，要素市场依靠政府部门进行配置。改革开放以后，由于经济发展水平落后，资本要素紧缺，为了实现经济增长，中国依靠劳动密集型产业和资本密集型重工业的追赶战略来发展经济（韩平和吴呈庆，2012）。近年来，中国对要素市场进行了较大程度的改革，但是低土地价格和低劳动工资的市场要素扭曲现象仍然十分严重（谢攀和龚敏，2015）。其次，政府对于要素市场的调节是其发挥宏观调控职能的重要政策工具，对资本和劳动要素价格的管控对于维持经济过热起到了重要作用，对于土地要素市场的调控避免了房价波动引起的经济动荡（郭琪和王磊，2019；李广瑜等，2016；余东华和吕逸楠，2015）。最后，地方政府依靠要素市场调节来实现经济的快速增长，赵新宇和郑国强（2020）研究了地方经济增长目标与要素市场价格扭曲的关系，发现地方政府扩大土地出让并压低劳动工资造成了土地和劳动要素价格的扭曲。

针对要素市场扭曲的影响，主要集中在资源环境、社会投资和经济增长三个方面。

第一，从资源环境的角度来看，葛继红和周曙东（2012）的研究表

21

明，市场要素扭曲激发了农业面源污染。林伯强和杜克锐（2013）研究了要素市场扭曲对于中国"十二五"期间能源效率的影响，发现要素市场扭曲导致了能源效率的降低，降低要素扭曲程度并进行要素市场化改革可以有效地发挥市场的资源配置作用，有利于降低能源消耗，提升能源效率。也有学者认为能源资源的错配影响了中国碳排放效率，能源错配的表现为以煤炭为主的能源结构不合理和能源消费的区域不均衡（Chu et al.，2019）。谢贤君（2019）认为要素市场扭曲降低了地区的绿色全要素生产率水平。

第二，现有研究表明要素价格扭曲影响了中国创新水平和创新效率。赵自芳和史晋川（2006）基于各省企业层面的研究发现，要素市场扭曲是导致产业技术效率从东部向中西部阶梯化降低的主要原因。张杰等（2011）研究了要素市场扭曲对工业企业的 R&D 投入的影响，结果发现要素市场扭曲不仅抑制了国内企业 R&D 投入，还会导致外资企业利用要素市场扭曲来获得低成本的租金收益，降低国内企业的竞争力。白俊红和卞元超（2016）研究了劳动要素和资本要素扭曲对中国创新生产效率的影响，结果表明要素市场扭曲是造成创新效率缺口的重要原因，而优化要素资源配置对于推动创新型国家建设至关重要。

第三，要素资源错配是造成中国发展失衡的重要原因。李永等（2013）认为中国政府对于土地、劳动和资本等要素的定价权导致的要素市场扭曲抑制了国际技术溢出。刘竹青和佟家栋（2017）基于制造业进出口数据的研究表明，要素市场扭曲是造成外资企业"生产率悖论"以及削弱国内企业"出口学习效应"的原因。即要素市场扭曲程度越高，出口越倾向于劳动密集型产品，同时降低了出口对企业生产率的积极作用。余东华等（2018）的研究表明中国资本价格的负向扭曲导致的资本深化进程加速，抑制了制造业产业内部的合理化发展进程，是导致产能过剩和创新不足的重要原因。韩璐和鲍海君（2019）研究发现虽然高新技术企业土地要素的依赖程度小于制造业，但是其土地资源错配的缺口却大于制造业部门。

　　也有学者基于个人和家庭层面展开了研究，证明要素市场的扭曲导致了中国劳动力的家庭创业概率降低，以及要素资源错配对企业家精神和居民收入分配产生影响等（马天明和吴昌南，2017；韦朕韬和赵仁康，2018；于明超和吴淑媛，2020）。

### 二、土地资源错配的研究

　　现有研究针对土地资源错配的原因、影响和纠偏机制进行了广泛的讨论。

　　针对土地价格错配产生的原因，越来越多的研究考虑了中国不同用途土地市场相互分割的事实，认为政府人为干预土地价格是导致土地价格扭曲和错配的根本原因（Saizen et al.，2006）。一些学者认为，与日本和法国土地价格直接由土地规划决定以及美国、加拿大等土地价格由自由市场决定不同，中国土地市场的特点是政府垄断的一级市场占据了较大比例，而自由流通的二级市场比例较小，使得地方政府对于土地交易具有较强的干预能力和意愿（Ho and Lin，2003；Wang et al.，2019）。王媛（2016）基于各地区微观地块交易数据的研究发现，地方政府为了实现土地出让收益最大化导致不同用途土地的价格有所差异。徐光伟等（2018）认为地方政府面临经济压力是土地资源错配的主要原因，企业过度投资也与土地资源错配存在密切关联。刘永健等（2019）研究发现中国建设用地存在资源错配现象，工业用地、住宅用地和商服用地的资源错配很大程度上来源于价格扭曲。部分学者研究了土地资源错配的空间相关性和溢出效应，发现建设用地价格扭曲是一个普遍现象（Liu and Geng，2019）。也有学者认为土地财政是中国劳动和资本要素错配的原因之一，这一影响具有空间异质性，土地财政加剧了东部地区和一线城市的要素错配，但是促进了中部地区要素资源的配置效率（Qu et al.，2020）。

　　土地作为生产要素，其资源错配对社会资源配置效率产生多方面的影响，现有研究从全要素生产率、企业投资、地方竞争和居民福利等方面研究了土地资源错配的影响，分析了土地资源错配带来的经济效率损失。

首先，土地资源错配导致土地价格与其价值和边际产出的不一致对全要素生产率产生直接影响。谢菲和克莱诺（2009）基于理论模型的推导验证了要素市场与全要素生产率的关系。杜等（Du et al.，2016）研究了土地价格与土地利用效率之间的关系，认为土地价格能够影响土地生产力，低价补贴制度明显提高了土地投资强度。雷斯图恰和洛皮斯（2017）研究发现土地资源错配将会导致农业全要素生产率的损失，而土地市场不完善是导致土地资源错配的主要原因。

其次，现有研究认为土地资源错配导致了企业过度投资和政府竞争的低效率。部分学者将住宅用地基准价格和工业用地基准价格相比较，考察了土地价格扭曲的影响。研究发现地方政府为了吸引投资开展土地溢价博弈，造成工业用地价格的螺旋式下降，最终导致两败俱伤的局面（Wu et al.，2014）。黄健柏等（2015）的研究表明，土地资源错配导致了企业过度投资，特别是投资大、产出规模高的重工业部门容易受到政府土地政策的影响，受到地方政府对外商投资偏好的影响，外商投资受到土地要素价格扭曲的影响相对较小。也有学者利用中国 1998 ~ 2007 年的 49 个城市主要工业企业数据和地价监测数据，研究了工业土地价格扭曲对制造业企业过度投资的影响，发现对于外商投资和民营企业的影响最为显著，对国有企业的影响较小（Xu et al.，2017）。

再次，现有研究开始关注土地资源错配的扭曲对居民消费、社会福利和金融发展等方面的影响。克里希南等（2016）分析了土地要素市场扭曲对信贷的影响，主要讨论土地要素作为抵押物时其价格和市场扭曲对其带来的影响。韦朕韬和赵仁康（2018）认为土地资源错配导致的价格扭曲抑制了居民消费价格水平的提升。倪鹏飞和沈立（2019）认为土地价格的扭曲与错配导致的政府、金融机构和购房者之间的合作博弈是房地产价格短期飙升的原因。

最后，土地资源错配带来的产业转移和产业扩散是环境污染转移的重要原因。土地资源错配导致了产业部门，特别是高污染企业部门的集聚，进而带来了产能过剩和环境污染问题（胡求光，2020）。不同用途土地优化产业布局能够有效的降低环境污染，而这种影响对不同行业的扩散范围具有异质性影响（Chen et al.，2018；Shu and Xiong，2019）。政府对土地价格的干预导致土地价格的扭曲，从而影响企业决策，导致化工企业的集聚，化工产业是典型的高污染高能耗企业，由此带来了污染随产业转移等问题（Wang et al.，2020）。

关于如何解决土地要素市场资源错配和价格扭曲，当前不少研究提出从改善资本配置、土地资源市场化、优化和改革分税制等方面的政策建议，但是鲜有研究对解决方案进行详细论证。谭术魁和王斯亮（2015）认为土地要素价格扭曲形成的原因是土地制度，特别是现有城乡土地要素流动机制，而城乡收入差距进一步扩大了土地要素价格扭曲和错配程度，因此，从制度层面建立政府补偿的动态调整机制能够缓解土地要素价格扭曲。土地市场交易制度的安排对土地价格具有决定性影响，通过对中国海南土地交易微观数据的分析发现，开发土地市场会使得城市和农村土地价格提升，从而能够在一定程度上缓解土地价格扭曲（Wen et al.，2020）。

### 三、文献评述

基于以上研究得出，中国要素市场的研究取得了较大的进展，对其原因、理论机制和经济社会影响进行了评估，认为中国要素市场改革过程中资本要素、劳动要素、土地要素和资源要素等都存在不同程度的错配现象。要素的错配客观上刺激了经济社会的发展，为社会经济活动提供了充足的要素支撑，促进了中国市场化的发展。但是随着中国经济从计划经济向市场经济转变，一些历史形成的要素定价机制已经不适应当前的经济发展阶段。然而，多数研究集中在资本要素和劳动要素的价格扭曲和错配上，部分研究关注了资源要素价格扭曲，对土地要素价格扭曲和资源错配带来的影响仍然缺乏系统性的研究。首先，中国土地要素价格市场化进程较慢，直至 2002 年才开始探索土地要素市场化改革，当前中国土地要素并未完全实现市场化，仅住宅用地、商业用地和工业用地等部分土地利用形式实现了市场化，对土地要素市场化程度的研究、土地资源错配的界定、土地资源错配程度的测度仍然缺乏统一的标准。其次，现有关于土地资源的研究更多的集中于房地产市场与宏观经济，缺乏对产业和环境影响的讨论，虽然部分研究注意到了土地资源错配带来的地方竞争和高污染产业集聚对于地方生态环境产生了较大的影响，但是更多的研究将这一影响归结于产业结构，没有讨论产业集聚背后的土地因素，所以，评估土地资源错配的环境影响，对于解释环境破坏、产业结构转换等具有理论和现实意义。再次，土地是其他要素的载体，土地要素决定了资本、劳动等要素的成本和配置。现有研究缺乏土地要素与其他要素之间关系的讨论，这对于研究其他要素配置具有现实意义。最后，现有研究缺乏对土地资源错配纠偏机制的研究，部分研究认识到土地价格扭曲带来的不利影响，提出的政策建议却缺乏针对性，且较少有研究系统性地对土地资源错配的纠偏机制及其后果展开讨论，导致土地资源错配缺乏系统性的解决方案。基于此，针对土地资源错配的原因、影响以及纠偏机制进行系统性研究，从而扩展当前土地要素领域的研究，以期为中国土地要素市场化改革作出贡献。

第三章

# 土地资源错配的测度与特征描述

对土地资源错配进行概念界定和理论分析后，构建土地资源错配测度的指标体系，以土地要素的价格扭曲作为土地资源错配的核心指标。基于中国土地市场网2007~2018年的土地交易微观数据，整理了城镇工业用地、商服用地和住宅用地的新增面积和交易价格，对285个城市的土地资源出让情况进行分析，构建测度土地资源错配的指标体系，使用核密度分析、尼基系数、空间自相关分析等多种方法，对土地资源错配的数据特征、分布特征、差异性、收敛性、空间性等展开多方面、全方位的统计测度。

## 第一节　土地资源错配的客观事实

### 一、城镇土地出让的政策变迁

#### （一）土地要素市场化改革探索阶段（1978~2001年）

改革开放以后，中国相关领域的改革逐步展开，但是土地资源的管理整体上仍然延续了无偿供应的划拨制度。1988 年《中华人民共和国宪法》修正案中对土地资源相关的内容进行了修订，删除了土地不得出租的相关条例，增加了在法律规定的范围内可以有限的出让土地使用权等部分内容，初步确立了土地使用权的商品属性。深圳、上海等地区展开"土地批租"的试点，探索城镇国有土地的使用权和所有权相分离的土地管理制度。但是此时土地使用制度的改革仍然局限于部分试点地区，并未在全国范围内推广。1990 年《中华人民共和国城镇国有土地使用权出让和转让暂行条例》的实施为城镇国有土地使用制度改革提供了政策支撑，确定了国有土地所有权和使用权相分离的土地出让、转让制度，但是此时土地出让与转让的价格仍然没有实现市场定价。

这一阶段，《中华人民共和国土地管理法》的颁布和修订为土地有偿使用和市场化改革提供了坚实的法律支撑，土地交易市场初步形成，但是土地交易市场化的范围依然被限制，土地供应整体上仍然以行政划拨为主要形式。

（二）土地要素市场化形成阶段（2002~2013 年）

2002 年《招标拍卖挂牌出让国有土地使用权规定》的颁布，标着中国土地要素市场化改革进入了一个新的阶段。2003 年，为了进一步规范土地出让，整治土地市场秩序，国务院规定地方政府进行土地出让时要引入公开竞争的机制，保障土地出让价格的公开透明。2004 年进一步明确了工业用地的出让标准，并规定工业用地也要与商服用地和住宅用地一样执行"招拍挂"出让制度，严禁压低工业地价进行"招商引资"。2006 年对工业用地出让的最低价标准进行了规定，要求各地区土地出让需要根据工业用地等级，按照最低价标准以上价格进行出让。2007 年《招标拍卖挂牌出让国有建设用地使用权规定》的出台，对土地出让的规范制度和公开透明机制进行了补充完善，要求政府出让土地的每一笔交易都需要在中国土地市场网进行公布。这一阶段，国有土地的出让由行政划拨为主向经营性协议出让转变，明确规定了商业、住宅等经营性用地以挂牌、拍卖或者招标的方式进行出让，结束了中国土地无偿或者低价转让的出让方式，有力地推动了土地出让方式的市场化。

### （三）土地要素市场化完善阶段（2013～2018 年）

党的十八届三中全会提出需要对中国要素市场价格进行深化改革，破除要素流动的价格障碍机制，促进市场决定价格机制的形成。2020 年《中华人民共和国土地管理法》修订和土地要素市场化配置改革政策发布，标志着城市土地要素市场化改革进入新时期。这一阶段中国土地要素市场与商品市场的不匹配对社会经济产生的影响逐渐显现，到了必须要深化改革的地步。根据图 3 - 1，2001 年以来土地出让收入的总量不断增长，2001 年土地出让收入近 1296 亿元，一直到 2011 年达到了 31140 亿元；此时土地出让收入占地方政府本级预算的比重也在不断提升，到 2010 年达到 71.7% 的最大值。此后，随着对土地出让的规范，土地出让收入在地方政府本级收入中的比重有所下降，但是依然具有较高比例，且土地出让收入总量基本呈现上升趋势。2015 年土地出让收入再次下降，土地出让收入从 2014 年的 42940 亿元下降到 32547 亿元，占本级预算收入的比重下降到 39.2%。2015 年以后，土地出让收入再次快速增加，到 2018 年收入总量达到了样本期的最大值 65096 亿元，占到了地方本级预算收入的 66.5%。

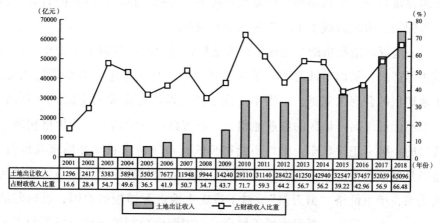

图 3 - 1　土地出让收入及占地方本级预算收入比重

资料来源：历年《中国统计年鉴》《中国财政年鉴》《全国财政年鉴》。

### 二、土地资源错配的界定与测度

长期以来，中国土地资源表现出明显的"高投入、高代价、低配置、低效率"的利用特征，由此导致土地资源在总量、结构和时空上的错配。从总量来看，中国土地总量面积较大，国土面积位居全球第三，但是耕地面积、宜居面积较小，人均耕地面积则仅达到了全球平均水平的1/3；从土地利用结构来看，非农用地和农业用地冲突明显，中国一直倡导"18亿亩耕地红线"，但是城镇化和工业化发展使得农业用地面积不断缩小，对于农业发展、粮食安全等产生影响，从城镇内部而言工业用地、商服用地和住宅用地的结构矛盾严重，低价甚至无偿转让工业用地导致土地被无偿的转让给效率较低的工业企业，造成了污染的集聚；从时间角度来看，长期以来土地资源的动态效率较低，特别是工业用地低价出让导致初始土地资源配置给了效率较低的企业，由于缺乏后续的土地流通机制，工业企业依靠囤积土地来"待价而沽"，不仅造成了土地资源向高效率部门配置的速度，也挤占了企业创新转型的空间；从空间角度看，长期以来我国执行"偏向中西部"的土地供应政策，东部地区产业发达、人口集聚但是土地存量较少，中西部地区产业相对落后、边际产量较低但是拥有大量的土地配额，由此造成了土地资源的空间错配。

土地资源错配指的是土地价格无法反映其价值而导致的土地价格偏离其边际产出，从而对社会生产带来不利影响。马克思绝对地租理论认为，土地地租的合理区间是：上限不能高于该土地所有企业的全部超额利润、下限不能低于高产地区的农业地租量。新古典经济学认为土地价格扭曲是价格的一种不正常状态，价格不能够反映其市场需求状况并偏离其价值，也即是要素价格的非正常，其产生的原因是人为割裂要素价格与价值之间的关系，产生价格"剪刀差"。对于造成土地资源错配的原因，可以归结为三个方面：第一，要素市场不健全，中国两极分割的土地市场限制了土地要素的自由流动，由于缺乏合理的土地资源流通机制，导致交易费用高于土地边际成本，市场机制在土地要素市场失灵。第二，产权制度不健全，土地资源的产权特征导致了所有权和使用权的分离，农村土地和城镇土地分别归属集体所有和国家所有导致了产权的多重分割，使得补贴产权、不同市场的土地价格存在较大差别，进而影响了土地资源的优化配置。

具体到中国土地要素的实际情况，首先，中国土地所有制存在差异，农村土地归属集体所有、城镇土地归属国家所有，城乡用地市场割裂，存在地价"剪刀差"；其次，商业用地、住宅用地、工业用地和其他用地类型是相互分割的，根据各地区土地规划确定土地用途以后进行出让，不同用途土地之间不能交易和流通；最后，各类型土地市场化程度存在差异，中国住宅用地和商业用地的市场化程度较高，尽管自2002年起建立了住宅和商业用地的招标、拍卖和挂牌出让制度，工业用地出让市场体系于2007年建立，而交通用地和公共管理与公共服务用地划拨仍然占据了较大比例，因此，中国城镇土地要素之间存在不同用途土地的价格"剪刀差"，导致城镇土地要素市场割裂。

根据新古典经济学观点，在市场完全竞争的情况下，生产要素的实际价格应与其价值相等，此时产品市场和要素市场都达到均衡状态，不存在扭曲现象。一旦要素的价格和价值偏离，生产要素的市场价格与其机会成本偏差或者背离，要素价格扭曲就产生了。因此，新古典经济学认为市场要素价格扭曲包含了绝对扭曲和相对扭曲两个方面。绝对扭曲表示的是要素与其边际产出或者机会成本之间的偏离程度。而相对扭曲则包含了两层含义：对于同一部门，要素价格扭曲指的是一种要素价格相比较于另外一种要素价格的偏离程度，衡量了要素的相对价格效率；对于不同部门，要素价格扭曲衡量了两个或者两个以上生产要素在不同部门之间的价格比率的偏离程度。就土地要素而言，土地的边际产出与其区位、地租和土地上布局的产业部门关联密切，因此同一土地在不同区位，或者相同土地布局不同产业部门其边际产出或者机会成本差别较大，且当前中国缺乏土地边际成本的有效计算方法，绝对价格扭曲的测度存在较大的不确定性。而中国城镇不同用途土地之间的用途分割，使得土地被人为地划分为不同的部门，住宅用地、商服用地和工业用地的划分是基于土地规划事先确定的，且不同用途土地之间的市场化程度差异较大。因此，相对价格扭曲程度不仅能够反映不同用途土地之间的要素配置，而且能够反映地方政府在土地出让中的偏向，更加适合中国二元分割且政府供给垄断的土地利用现状。基于此，本书采用相对要素价格扭曲来衡量土地要素的价格扭曲程度。

当前针对要素价格和土地要素价格扭曲的研究相对较少，关于土地扭曲程度的测度，常用的方法包括价格法、面积法和生产函数法等。面积法和土地财政方法都是在土地价格无法获取的情况下的一种替代方法，生产函数法的优点是可以对各项要素的扭曲程度进行测度，但是需要预先设定生产函数等。而一旦模型设定偏误会导致模型估计结果的不准确（Fu et al.，2019；林伯强和杜克锐，2013；张杰等，2011）。因此本书采用住宅和商业用地价格的平均值与工业用地价格的比值表示土地资源错配程度，数值越大表示扭曲程度越高。这一测度方法的微观基础在于与当前中国土地出让制度相联系，是当前普遍采用的测度土地要素价格扭曲程度的指标（谢冬水，2020）。

### 三、土地资源错配数据处理

土地出让数据主要来源于中国土地市场网（https：//www. landchina. com/）。2007 年以后原国土地资源部在中国土地市场网公布各地区土地出让的每一宗信息，是中国土地交易数据最为全面的数据库。这一数据库包含土地法律法规、供地计划、出让公告、地块公示和市场交易结果等信息。其中，在"土地供应—结果公告"部分对已完成交易的土地出让信息进行实时更新。因此，我们收集了 2007 年 1 月 1 日至 2018 年 12 月 31 日的城镇工业用地（不含仓储用地、采矿用地和盐田等）、商服用地和住宅用地（不含农村住宅用地）。样本期内数据总量接近 300 万条，主要信息和处理如表3-1所示。

表 3-1 中国土地市场网数据收集筛选

| 信息 | 内容 | 处理 |
|------|------|------|
| 电子监管号 | 16位电子监管号 | 提取地区编码 |
| 土地来源 | 现有建设用地、新增建设用地 | 提取新增建设用地 |
| 面积 | 土地出让总面积（公顷） | 去除缺失值 |
| 成交价格 | 土地出让总价格（万元） | 去除缺失值 |
| 出让方式 | 划拨、协议出让、招拍挂出让、租赁、作价入资或入股、授权经营 | 分类汇总 |
| 土地用途 | 商服用地、工矿仓储用地、住宅用地、公共管理与公共服务用地、特殊用地、交通运输用地、水域及水利设施用地、其他用地 | 由于同时包含新版和旧版用地，统一按照2011年新版土地用途分类汇总 |
| 合同签订日期 | 土地交易日期 | 提取交易年份 |

　　基于研究目的，首先筛选研究区域，将研究范围设定在中国31个省区市（不含港澳台地区）下属的333个地级行政单位，包括地级市、地区、自治州、盟。删除样本缺失较多的地区、考虑行政规划调整等基础上，最终确定281个城市（包括北京、天津、重庆、上海4个直辖市）。其次，将数据范围进一步缩小到地级行政单元所在的城市，不考虑行政区划下属的县、乡镇等用地，将研究对象定义为特定地区市辖区的城镇土地价格，以地级市城镇建设用地平均价格作为城市土地价格的替代，最终确定样本为285个地区，以下简称为285个城市（刘修岩等，2019）。表3-2对按照地区匹配以后的数据进行了描述统计。

　　根据表3-2，除工业用地价格的均值为175.628万元/公顷①，其标准差为89.211万元，标准差小于均值以外，工业用地面积、住宅用地和

----

① 1万元/公顷=1元/平方米。

商服用地的标准差均大于均值，说明样本内各地区商业和住宅用地面积和价格差异较大。从土地出让价格来看，工业用地价格最大值为511.161万元/公顷，商服用地价格的最高值甚至达到了13203.430万元/公顷，工业用地价格远远小于商服和住宅用地价格。从土地出让面积来看，工业用地面积的均值和最大值均大于住宅和商服用地，根据区位理论，商服和住宅用地一般位于市中心，因此其空间狭小，对于土地的需求也相对较小，工业生产所需的土地面积相对较大，且中国工业化发展进程使得土地城镇化高于人口城镇化速度，大量的土地被工业用地占有。

表 3-2 不同类型用地出让价格和面积的描述统计

| 统计量 | 工业用地 | | 住宅用地 | | 商服用地 | |
|---|---|---|---|---|---|---|
| | 价格<br>（万元/公顷） | 面积<br>（公顷） | 价格<br>（万元/公顷） | 面积<br>（公顷） | 价格<br>（万元/公顷） | 面积<br>（公顷） |
| 均值 | 175.628 | 43.730 | 602.302 | 10.741 | 1623.886 | 10.482 |
| 最小值 | 0.009 | 4.304 | 0.002 | 1.000 | 22.889 | 0.0008 |
| 标准差 | 89.221 | 80.270 | 688.627 | 24.072 | 2070.772 | 24.875 |
| 最大值 | 511.161 | 469.539 | 3529.167 | 145.629 | 13203.430 | 145.629 |

注：数据为样本内筛选匹配以后整理所得。

为了进一步分析不同用途土地面积和价格的变动趋势，图 3-2 和图 3-3 分别展示了各用途土地出让面积和价格的年份均值。

图 3-2 展示了样本筛选以后 285 个城市新增工业用地、住宅用地和商服用地各年平均出让面积，可以看出工业用地出让面积远远高于商服和住宅用地出让面积。2008~2011 年工业用地新增面积处于快速增长阶段，受到国际金融危机和中国"4 万亿"经济刺激计划的影响，大量的资本流入工业部门，地方政府为了刺激经济也加强了投资，使得这一时期工业用地新增面积持续增加，并于 2011 年达到顶峰。2011 年以后，金融危机的

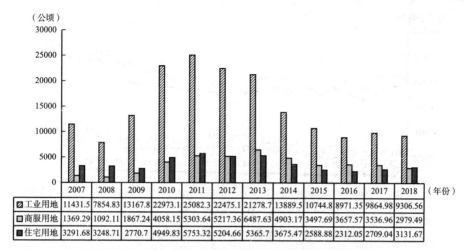

（公顷）

| | 2007 | 2008 | 2009 | 2010 | 2011 | 2012 | 2013 | 2014 | 2015 | 2016 | 2017 | 2018 |
|---|---|---|---|---|---|---|---|---|---|---|---|---|
| 工业用地 | 11431.5 | 7854.83 | 13167.8 | 22973.1 | 25082.3 | 22475.1 | 21278.7 | 13889.5 | 10744.8 | 8971.35 | 9864.98 | 9306.56 |
| 商服用地 | 1369.29 | 1092.11 | 1867.24 | 4058.15 | 5303.64 | 5217.36 | 6487.65 | 4903.17 | 3497.69 | 3657.57 | 3536.96 | 2979.49 |
| 住宅用地 | 3291.68 | 3248.71 | 2770.7 | 4949.83 | 5753.32 | 5204.66 | 5365.7 | 3675.47 | 2588.88 | 2312.05 | 2709.04 | 3131.67 |

**图 3 - 2　样本内新增工业、住宅和商服用地出让面积**

资料来源：根据中国土地市场网土地交易数据整理。

冲击降低，工业用地新增出让面积开始缓慢下降。2013 年以后，中国经济政策逐渐向高质量发展转变，特别是将生态文明建设推向了新的历史高度，各地区逐渐转变粗放的经济发展模式，工业结构得到了极大地提升，淘汰了落后产能，新增工业用地面积开始迅速下降。由于经济的发展需求，工业新增出让面积始终高于城镇和住宅新增出让用地。

从图 3 - 2 新增商服和住宅出让面积来看，2007～2011 年中国新增住宅用地面积高于新增商服用地面积。这一阶段是中国城镇化快速发展的阶段，此时人口城镇化和对土地财政的依赖推高了住宅用地出让面积。2012 年商业和住宅新增面积基本持平，这得益于中国第三产业的快速发展，特别是 2013 年中国第三产业增加值首次超过第二产业，导致商服用地面积的增加。2013 年以后，新增住宅和商服用地面积开始稳步下降，商服用地面积新增幅度高于住宅用地新增面积。2010～2014 年商服和住宅用地面积的增加同样受到经济刺激计划的影响，地方政府依赖土地财政且大量资本流入土地市场促进了地方政府土地出让的面积增长。

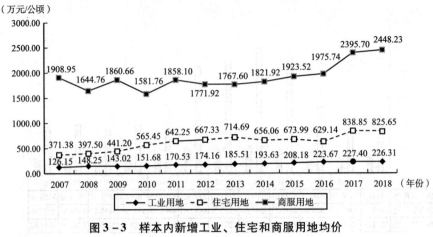

图 3 - 3　样本内新增工业、住宅和商服用地均价

　　图 3 - 3 展示了样本期内工业用地、住宅用地和商服用地出让的平均价格。可以看出，商服用地价格远远高于工业和住宅用地价格，2007～2011年商服用地价格表现出明显的波动，一方面第三产业受到 2008 年金融危机的冲击影响较大；另一方面中国第三产业增长率在 2007～2011 年虽然表现出较高的增长，但是在国民经济中的比重低于第二产业，其增长不稳定。2010 年以后，随着中国对生产性服务业的扶持以及经济发展的需求拉动，第三产业逐渐超过第二产业，第三产业的土地需求增加，使得商服用地面积稳步增长。商服用地面积与其他用途土地面积的差距逐渐扩大，2018 年商服用地面积达到 2448.23 万元/公顷，是同期工业用地的 10 倍以上。

　　住宅用地面积从 2007 年的 371.38 万元/公顷稳步增长至 2018 年的826.65 万元/公顷，除 2016 年住宅用地价格下降以外，其他年份增长较为稳定。究其原因，首先，城市化的高速发展推高了住宅用地价格，大量人口向城市集中带来了住宅用地需求的增加，房地产价格的不断高升也对政府住宅用地出让价格起到了推升作用。其次，地方政府依靠住宅用地出让来弥补财政缺口是土地财政的重要表现，地方政府具有推高住宅用地价格的"激励"，而中央政府为了控制房地产经济过热，采取了一系列的住宅用地出让限制措施，防止了住宅用地出让价格的大幅度增加。地方政府和中央政府对住宅用地价格政策的"一增一降"保持了住宅用地价格在稳定中上升的趋势。

相对而言，工业用地出让价格则表现出低水平的稳定状态。2007 年工业用地出让价格为 126.15 万元/公顷，到 2018 年仅增长到了 226.31 万元/公顷。将图 3-3 与图 3-2 和表 3-3 进行对比不难发现，工业地价的面积和价格不成比例，工业用地出让的平均价格基本维持在第十等至第九等左右，大量的工业用地出让却没有带来工业用地价格明显的提升或下降，显然这与中国工业化快速发展并成为世界"制造工厂"的经济发展规律是矛盾的。究其原因，地方政府为了实现"引资竞争"，刻意地压低工业用地价格并提升商服和住宅用地价格，导致了工业用地价格的要素扭曲和土地要素的资源错配。

表 3-3　　　　　　　　全国工业用地出让最低价标准

| 土地等别 | 1 | 2 | 3 | 4 | 5 |
| --- | --- | --- | --- | --- | --- |
| 最低价标准（万元/公顷） | 840 | 720 | 600 | 480 | 384 |
| 土地等别 | 6 | 7 | 8 | 9 | 10 |
| 最低价标准（万元/公顷） | 336 | 288 | 252 | 204 | 168 |
| 土地等别 | 11 | 12 | 13 | 14 | 15 |
| 最低价标准（万元/公顷） | 144 | 120 | 96 | 84 | 60 |

资料来源：国土资源部关于发布实施《全国工业用地出让最低价标准》的通知（国土资发〔2006〕307 号）。

# 第二节　土地资源错配的时空特征分析

## 一、动态分布与收敛性分析方法

### （一）核密度估计（Kernel density estimation）

核密度估计可以根据数据的分布状态，利用峰值函数将数据分布以平滑的方式展现出来，在分析数据分布特征时具有较强的稳定性。基于核密度方法，土地资源错配的密度函数可以表示为：

$$f(X) = \frac{1}{nh} \sum_{i=1}^{n} K[X_i - x/h] \qquad (3-1)$$

式中，$n$ 表示 285 个城市的观测值；$X_i$ 表示独立同分布的土地资源错配程度；$x$ 表示土地资源错配程度的均值；$K$ 表示核密度函数；$h$ 表示核密度函数的带宽。核密度函数通常需要满足以下约束：

$$\begin{cases} \lim_{n\to\infty} K(x) \times x = 0 \\ K(x) \geq 0 \int_{-\infty}^{+\infty} K(x)\,\mathrm{d}x = 1 \\ \sup K(x) < +\infty \int_{-\infty}^{+\infty} K(x)^2\,\mathrm{d}x < +\infty \end{cases} \qquad (3-2)$$

本书使用高斯核密度估计来展示土地资源错配的分布位置和形态，以此刻画土地资源错配的基本分布趋势。

## （二）基尼系数（Gini coefficient）

基尼系数测度了指标之间的相对差异性，是基于收入差距测度引申出来的一种方法。本书采用 Dagum 密度函数分解的基尼系数来测度中国 285 个城市的土地资源错配程度。Dagum 基尼系数的基本表达式为：

$$G = \frac{\sum_{j-1}^{k} \sum_{h-1}^{k} \sum_{i-1}^{n_j} \sum_{r-1}^{n_h} |y_{ji} - y_{hr}|}{2n^2 \bar{y}} \qquad (3-3)$$

式中，$j$ 和 $h$ 表示区域划分，这里采用东中西部子群划分；$i$ 和 $r$ 表示具体城市；$n$ 和 $k$ 分别是子群个数和城市个数，即是 3 和 285。$n_j$ 和 $n_b$ 分别是各自群内城市个数；$y_{ji}$ 和 $y_{hr}$ 为城市的土地资源错配程度，$\bar{y}$ 为土地资源错配的均值。在对基尼系数估计时，首先根据各地区土地资源错配程度进行排序，然后将基尼系数分解为三个部分：区域内贡献（$G_w$）、区域间贡献（$G_{nb}$）和超变密度贡献（$G_t$），三者的关系可以表示为：$G = G_w + G_{nb} + G_t$。对于区域 $j$，其基尼系数（$G_{jj}$）为：

$$G_{jj} = \frac{\dfrac{1}{2y_j} \sum\limits_{i=1}^{n_j} \sum\limits_{r=1}^{n_h} |y_{ji} - y_{hr}|}{n_j^2} \qquad (3-4)$$

区域内差异（$G_w$）的计算方式为：

$$G_w = \sum_{j=1}^{k} G_{jj} P_j S_j \qquad (3-5)$$

区域间基尼系数（$G_{jh}$）计算方式为：

$$G_{jh} = \sum_{i=1}^{n_j} \sum_{r=1}^{n_h} \frac{|y_{ji} - y_{hr}|}{n_j n_h (\bar{y}_j + \bar{y}_h)} \qquad (3-6)$$

区域间净值差异（$G_{nb}$）：

$$G_{nb} = \sum_{j=2}^{k} \sum_{h=1}^{j-1} G_{jh}(p_j s_h + p_h s_j) D_{jh} \qquad (3-7)$$

区域间超变密度（$G_t$）：

$$G_t = \sum_{j=2}^{k} \sum_{h=1}^{j-1} G_{jh}(p_j s_h + p_h s_j)(1 - D_{jh}) \qquad (3-8)$$

式中，$p_j = \dfrac{n_j}{n}$；$S_j = \dfrac{n_j}{n} \dfrac{\bar{y}_j}{\bar{y}}$，由于按照东中西划分为三个子群，因此，$j=1$，2，3，$D_{jh}$测度了 $j$ 区域和 $h$ 区域之间土地资源错配的相对影响，其计算方式为：

$$D_{jh} = \frac{d_{jh} - p_{jh}}{d_{jh} + p_{jh}} \qquad (3-9)$$

式中，$d_{jh}$ 表示区域间土地资源错配的差值；$p_{jh}$ 为超变一阶矩，其可以通过累积分布函数的数学期望值计算：

$$d_{jh} = \int_0^{\infty} \mathrm{d}F_j(y) \int_0^y (y-x)\mathrm{d}F_h(y) \qquad (3-10)$$

$$p_{jh} = \int_0^{\infty} \mathrm{d}F_h(y) \int_0^y (y-x)\mathrm{d}F_h(y) \qquad (3-11)$$

（三）收敛性模型

收敛性模型是测度经济增长稳态路径的一种方法，其基本的出发点是对模型进行分解，对于面板数据：

$$X_{it} = g_{it} + a_{it} \tag{3-12}$$

其含义是面板数据模型可以被分解为两部分：一部分 $g_{it}$ 来自变量自身的变动，另外一部分则是随机干扰因素，因此，可以得到：

$$X_{it} = \left( \frac{g_{it} + a_{it}}{u_t} \right), \ u_t = \delta_{it} u_t \tag{3-13}$$

式中，$\delta_{it}$ 表示时变因素对于模型中单个个体自身变动的影响，模型（3-13）可以看作一个动态因子模型，代表了确定性事件和不确定性事件共同对面板变量的影响。因此其中的共同因子可以提取出来，表示为：

$$h_{it} = \frac{X_{it}}{\frac{1}{N} \sum_{i=1}^{N} X_{it}} = \frac{\delta_{it}}{\frac{1}{N} \sum_{i=1}^{N} X_{it}} \tag{3-14}$$

式中，$h_{it}$ 代表了相对转换参数，表示在第 $t$ 个观测值与面板平均值的相对参数，或者说表示单个观测值向面板均值的转换路径，$h_{it}$ 满足以下条件：

$$h_{it} = \frac{1}{N} \sum_{i=1}^{N} (h_{it} - 1)^2 \to 0, \lim_{n \to \infty} \delta_{it} = \delta_{it} \tag{3-15}$$

因此，对于变量 $X_{it}$，其收敛性需要满足：

$$\lim_{n \to \infty} \frac{X_{it}}{X_{jt}} = 1 \tag{3-16}$$

菲利普斯和沙尔（2007）将相对收敛的条件定义为时变因子载荷系数的收敛性：

$$\lim_{n \to \infty} \delta_{it} = \delta \tag{3-17}$$

因子载荷系数 $\delta_{it}$ 的假设条件为：

$$\delta_{it} = \delta_i + \sigma_{it} \varepsilon_{it}, \ \sigma_{it} = \frac{\sigma_i}{L(t) t^{\alpha}}, \ t \geq 1, \ \sigma_i > 0 \tag{3-18}$$

式中，$L(t)$ 表示一个转变函数，其可能的取值包括 $\log(t)$，$\log^2(t)$ 或者 $\log\{\log(t)\}$。菲利普斯和沙尔基于蒙特卡洛模拟验证 $L(t) = \log(t)$ 可以获得最优的结果，因此这一收敛模型也被称为 $\log t$ 回归模型。对于该模型，其检验的原假设可以表示为：

$$H_0: \delta_i = \delta, \ \alpha \geq 0 \tag{3-19}$$

备择假设为：

$$H_0 : \delta_i \neq \delta, \ 或 \ \alpha < 0 \qquad (3-20)$$

该假设检验可以用来检验 $\log t$ 模型的对数线性化模型，也即是绝对收敛模型：

$$\log \left( \frac{H_1}{H_t} \right) - 2\log \{ \log(t) \} = a + b\log(t) + \varepsilon_t \qquad (3-21)$$

（四）空间相关性分析

考虑到中国土地资源错配的一个驱动因素是地方竞争和土地财政，因此地方政府在土地出让过程中可能存在模仿效应，导致对土地要素价格干预的区域"策略性互动"。为了验证这一机制的存在，采用探索性空间数据分析方法进行描述统计。探索性空间数据分析主要采用 Moran 指数（Moran's I）对变量的空间相关性进行分析，按照其范围和对象可以划分为全局 Moran's I 和局域 Moran's I（Anselin and Cho，2002）。其中，全局 Moran's I 的基本表达式为：

$$Moran's I = \frac{n \sum_{i=1}^{n} \sum_{j=1}^{n} w_{ij} (Y_i - \bar{Y})(Y_j - \bar{Y})}{\sum_{i=1}^{n} (Y_i - \bar{Y})^2 \sum_{i=1}^{n} \sum_{j=i}^{n} w_{ij}} \qquad (3-22)$$

式中，$Y_i$ 表示各地区土地资源错配的观测值；$\bar{Y}$ 表示土地资源错配的总体均值；$w_{ij}$ 表示空间权重矩阵。设定城市行政区所在经纬度的距离倒数为空间权重矩阵，其表达方式为：

$$w_{ij} = \begin{cases} \dfrac{1}{d_{ij}}, \ i \neq j, \ i, \ j = 1, \ 2, \ \cdots, \ n \\ 0, \ i = j \end{cases} \qquad (3-23)$$

式中，$d_{ij}$ 表示第 $i$ 个地区和第 $j$ 个地区行政中心所在经纬度的地理距离。对于 Moran's I 的检验可以采用：

$$Z_I = \frac{I - E[I]}{\sqrt{V[I]}} \qquad (3-24)$$

$$E[I] = -\frac{1}{n-1} \qquad (3-25)$$

$$V[I] = E[I^2] - E[I]^2 \qquad (3-26)$$

局域 Moran's I 与全局 Moran's I 的基本思想一致，其主要测度邻近地区变量在空间集聚的特征，一般采用 LISA（local indications of spatial association，LISA）散点图表示，其基本表达式为（ELHORST，2016）：

$$I_i = \frac{n \sum_{i=1}^{n} \sum_{j=1}^{n} w_{ij}(Y_i - \bar{Y})(Y_j - \bar{Y})}{\sum_{i=1}^{n}(Y_i - \bar{Y})^2} \qquad (3-27)$$

## 二、土地资源错配的特征描述

图 3-4 展示了 285 个城市的土地资源错配程度的基本统计特征，根据要素价格扭曲的序列图、箱线图和直方图等可以看出，土地资源错配程度基本介于 5~10，也即是住宅和商服用地均价要高于工业地价 5~10 倍，由此导致了土地要素资源错配，使得土地要素价格无法反映其真实需求和边际产出。一方面，商住用地价格被人为地抬高，另一方面，工业用地价格长期维持在低水平与工业用地需求不断增长的趋势不相符，商住用地和工业用地价格"剪刀差"是土地资源错配的具体表现。

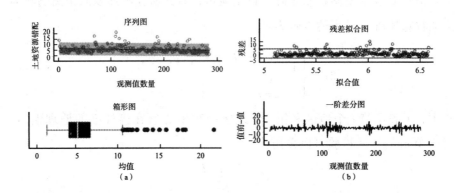

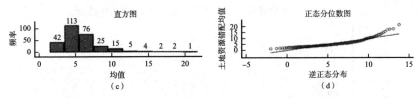

图 3-4　各城市土地资源错配程度均值的统计描述

为了研究中国土地要素价格的差异及其变化特征，使用核密度方法对土地资源错配的分布、形态等特征进行分析。由于中国 285 个城市的土地资源错配核密度整体分布与子样本的核密度在趋势和形态上基本一致，因此，主要根据子群划分，研究东部与中西部、大中城市与非大中城市①的核密度分布状况，如图 3-5 所示。

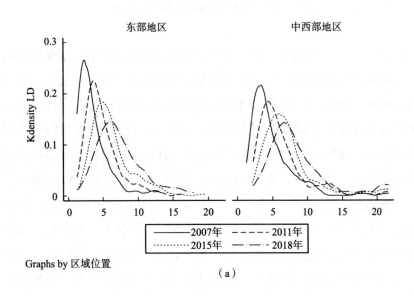

（a）

———————————

① 大中城市和非大中城市划分标准依照国家统计局公布的 70 个大中城市名单。

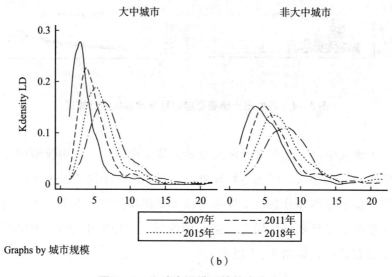

Graphs by 城市规模

（b）

**图3－5　土地资源错配的核密度分布**

根据图3－5，从整体上看，中国土地资源错配的分布呈现出从右侧偏移逐渐向中间聚拢的特征，其区间也在不断向右平移。对比东部地区和中西部地区，2007年，东部和中西部的核密度分布均偏右，且分布较为集中，东部地区主峰高度大于中西部。2007年以后核密度函数的主峰高度逐渐降低，数据分布宽度逐渐扩大，但是此时东部地区主峰高度依然大于中西部地区。2018年，东部地区和中西部地区之间的主峰高度基本一致，其数据分布较为均匀，基本符合了正态分布的特征。首先，在2007年前后，东部地区和中西部地区经济发展水平差距较大，东部地区由于人地冲突和耕地总量限制，土地要素的资源错配程度较大。随着经济发展，东部地区城市发展到一定规模，土地扭曲程度基本趋于一致。各地区依靠土地出让获取财政收入、吸引产业转移，中西部地区的土地资源错配程度整体提升，内部差异缩小。其次，中西部地区右侧拖尾现象十分明显，这与中国"偏向中西部"的土地供应政策密切相关。为了促进中西部地区发展，中国在制定土地规划时明确规定了中西部，特别是中部地区留存承接产业转移的工业用地，由于部分地区缺乏吸引产业的要素禀赋，导致土地资源错配水平的进一步增加。

对比大中城市和非大中城市的核密度分布，可以看出其特征与东部和中西部基本一致。但是非大中城市的土地资源错配的变动幅度较小，从2007～2018年整体的主峰高度略有下降，整体数据分布向右转移并逐渐服从正态分布，且中小城市的右侧拖尾现象也较为明显。因此，土地资源错配与经济发展水平关系密切，由于地方竞争的存在加剧了土地资源错配的趋同，土地资源错配的整体水平有所提升且内部差异逐渐缩小。

根据图3-6，2007～2018年中国285个城市土地资源错配的基尼系数总体呈现下降趋势，2007年和2008年整体基尼系数分别为0.3469和0.3219，处于0.3～0.4的"相对合理"区间，意味着此时中国城市间土地资源错配系数虽然存在差距，但是整体上的差距并不大。2009年基尼系数下降到了0.2918，此后基尼系数的区间一直位于0.2～0.29的"比较平均"区间。基尼系数的变化表明，2007～2018年，中国土地资源错配的内部差异较小，且这一差异呈现出逐渐缩小的趋势，各地区土地资源错配程度具有趋同特征。

**图3-6　土地资源错配的基尼系数**

图3-7为采用Dagum分解得到的2007～2018年基尼系数差异来源。可以看出，2007年前后区域内差异、区域间差异和超变密度对基尼系数的贡献基本相同，2008年以后开始出现差距且呈现不断扩大的趋势。区

域内差异测度了相同城市不同时间的差异，2007 年区域内差异对基尼系数的贡献率为 32.15%，此后逐渐上升并在 2015 年的贡献率超过 50%，2018 年达到最大值 58.61%，意味着各城市区域内土地资源错配程度的逐渐增加是基尼系数增加的主要原因。区域间差异测度了不同城市相同时间的差异性，相对而言区域间差异较为平稳，2007 年区域间差异对基尼系数的贡献为 36.94%，2008 年下降到 32.51%，变化幅度不大，与整体基尼系数的变化趋势基本一致。超变密度测度了子群划分的差异对总体的贡献，可以看出 2007～2018 年超变密度的贡献率呈现下降趋势，从 2007 年的 30.91% 下降到 8.88%，下降幅度较大，说明随着各地区土地资源错配程度的增加，子群之间的差异逐渐缩小使得其对总体差异的贡献率降低。整体而言，超变密度的下降抵消了区域内差异带来的基尼系数增加，使得整体基尼系数呈现下降趋势。与收入差距的基尼系数越小表示越公平不同，土地资源错配的基尼系数下降，说明整体的土地要素价格向高度扭曲的方向发展，各地区扭曲程度越来越高，处于高水平的"相对公平"区间。

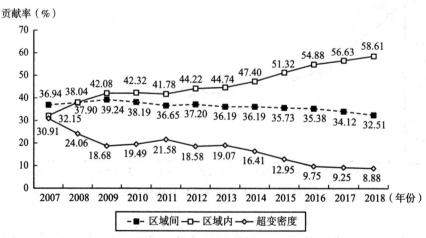

图 3-7 土地资源错配 Dagum 基尼系数分解项贡献率

表 3 - 4 给出了土地资源错配的绝对收敛检验。从全国范围看，转变函数 $\log t$ 检验的系数为 - 0.8259，在 1% 的水平上显著。这就意味着各地区土地资源错配程度与其变动速度呈现负相关，整体而言，全国的土地资源错配程度将会趋于稳态值，这与核密度估计的结果一致。

表 3 - 4                                   土地资源错配得到绝对收敛

| 变量 | 模型 (3 - 1) | 模型 (3 - 2) | 模型 (3 - 3) | 模型 (3 - 4) | 模型 (3 - 5) |
|---|---|---|---|---|---|
|  | 全国 | 东部 | 中西部 | 大中城市 | 非大中城市 |
| $\log t$ 检验 | - 0.8259 *** ( - 8.79) | - 0.9880 *** ( - 7.32) | - 0.6542 *** ( - 17.72) | - 0.9054 *** ( - 4.2604) | - 0.7288 ( - 23.63) |
| 城市个数 | 285 | 115 | 170 | 69 | 216 |
| 年份 | 12 | 12 | 12 | 12 | 12 |

注：*** 表示通过了 1% 显著性检验，** 表示通过了 5% 显著性检验，* 表示通过了 10% 显著性检验。括号内为 t 值。

进一步地，将样本划分为东部和中西部、大中城市和非大中城市两组子样本，分别检验其绝对收敛特征。首先对比东部和中西部的差异不难发现，其系数在 1% 的显著水平上均为负，说明东部和中西部地区都存在绝对收敛特征，进而说明东部和中西部地区的土地资源错配程度不断增加，但是区域内部的差异逐渐缩小，呈现出向稳态值收敛的趋势。东部地区的收敛系数大于中西部地区，由于东部地区人口密集、经济发展水平较高，人地矛盾激化，有限的土地面积与城镇化和工业化的城镇土地需要矛盾越来越尖锐，导致土地资源错配程度普遍较高且收敛速度更高。

对比大中城市和非大中城市可以得到与东部和中西部收敛特征一致的结论，也即是经济水平较高的地区，其土地资源错配程度不断向高水平收敛，区域之间的差异逐渐缩小以最终趋于稳定，但是这一稳态是向着土地要素价格高水平扭曲的方向发展的，最终将会对社会经济产生不利影响。

将样本划分为东部和中西部、大中城市和非大中城市分析其收敛性一定程度忽略了其内部差异，如东部地区中小城市和中西部地区大中城市原本趋于整体的收敛特征也存在较大差异。因此，菲力普斯和苏尔（Phillips and Sul，2007）将聚类和 HP 滤波方法引入到"俱乐部收敛"的分析。首先，采用 HP 滤波对样本的个体效应和随机干扰因素进行分离，也即基于模型（3 - 12）得到各变量的个体特征。基于个体特征采用因子分析和聚类方法对样本的收敛特征进行划分，从而得到"俱乐部收敛"结果。在此基础上，考虑"俱乐部收敛"是否可以再次进行合并处理，将差异较小的俱乐部合并成新的"俱乐部"，得到俱乐部收敛的最终结果。估计结果如表 3 - 5 所示。

表 3 - 5　　　　　　　　土地资源错配的俱乐部收敛特征

| 聚类收敛 | 俱乐部 a1 | 俱乐部 a2 | 俱乐部 a3 | 俱乐部 a4 |
|---|---|---|---|---|
| log$t$ 检验 | 0.7829 * (1.74) | 0.5503 ** (1.99) | - 0.0915 ** ( - 2.01) | - 1.3035 ** (2.14) |
| 俱乐部合并检验 | 俱乐部 a1 + a2 | 俱乐部 a2 + a3 | 俱乐部 a3 + a4 | |
| log$t$ 检验 | 0.0251 (0.09) | - 0.3209 *** ( - 9.67) | - 0.3936 *** ( - 16.51) | |
| 俱乐部收敛 | 俱乐部 1 | 俱乐部 2 | 俱乐部 2 | |
| log$t$ 检验 | 0.0251 (0.09) | - 0.0915 ** (2.03) | - 1.3035 ** (2.45) | |

注：*** 表示通过了 1% 显著性检验，** 表示通过了 5% 显著性检验，* 表示通过了 10% 显著性检验。括号内为 t 值。

根据表 3 - 5，首先在 HP 滤波消除随机干扰因素的基础上，采用聚类分析得到四组"俱乐部"，研究发现"俱乐部 a1"和"俱乐部 a2"分别在 10% 和 5% 的水平上显著为正。这就意味着这两个"俱乐部"不具有收敛特征，也即是其内部呈现发散趋势，无法得到稳态结果。"俱乐部 a3"

和"俱乐部 a4"的系数在 5% 的水平上显著为负，意味着其存在俱乐部收敛的特征，群组内部土地资源错配程度之间的差异逐渐缩小并逐渐趋于稳态。

在对"俱乐部"合并检验中，"俱乐部 a1 + a2"的系数不显著，接受"聚类部可以合并"的原假设。"俱乐部 a2 + a3"和"俱乐部 a3 + a4"的检验显示两个"俱乐部"在 1% 的水平上拒绝原假设，说明两个"俱乐部"之间不可合并。最终将"俱乐部 a1"和"俱乐部 a2"合并，得到三个"俱乐部"。

考虑土地要素价格分布的特征，进一步采用 Moran's I 对其空间相关性进行分析，图 3 - 8 为土地资源错配空间相关的全局 Moran's I 的年份均值。Moran's I 的取值范围为 [0，1]，越接近于 1 表示空间相关性程度越高，接近于 0 表示空间相关性越弱。在 Moran's I 值均显著的情况下，其基本呈现下降趋势，意味着土地资源错配存在空间相关性，但是随着其区域间差距的缩小，空间相关性特征也在逐渐减弱。

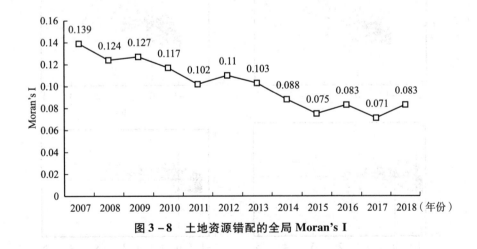

图 3 - 8　土地资源错配的全局 Moran's I

图 3 - 9 为局域 Moran's I 的 LISA 分布图，分别选取了 2007 年、2011 年、2015 年和 2018 年四个年份。LISA 图的四个象限根据其邻近地区土地

资源错配集聚程度分别代表了高—高、低—高、低—低和高—低四种情况。可以看出在 2007 年，全局 Moran's I 为 0.139 的情况下，285 个城市的土地资源错配程度基本呈现沿 45°分布的特征，多数地区位于第三象限的低—低区域，第一象限和第二象限城市数量仅次于第三象限，第四象限分布较少，说明大多数地区自身及其邻近地区的土地资源错配程度相对较低。2007～2018 年 LISA 散点图变化较为明显，特别是 2018 年，虽然多数地区位于第三象限，但是第一象限和第二象限集中的地区逐渐增加，说明土地资源错配程度在空间上总体呈现出高要素扭曲地区和低要素扭曲地区逐渐集聚的趋势。这意味着，虽然各地区土地资源错配的内部差异逐渐缩小，但是总体上要素资源错配程度呈现不断增加的趋势，且部分地区的增长速度相对较快，改变了土地资源错配的空间集聚趋势。

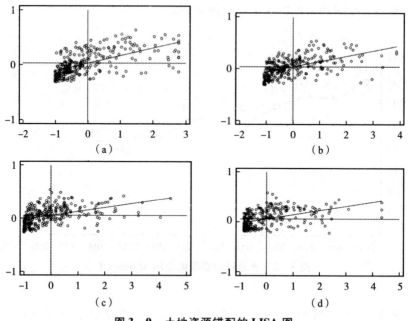

图 3-9　土地资源错配的 LISA 图

# 第三节　土地资源错配异质性及其驱动因素分析

## 一、土地资源错配异质性及其驱动因素分析方法

### （一）全局搜索回归

前面中对影响土地资源错配的可能因素进行了识别，并作为控制变量加入模型之中。这些控制变量的选择更多的是基于经济理论，尽可能地控制其他因素对模型估计结果的干扰，但是也存在遗漏变量带来的内生性问题。根据计量经济学变量选择的原则，控制变量不需要控制所有因素，只需要避免核心解释变量的估计偏误即可，但是在进行驱动因素识别时遗漏变量的问题就变得严重了。如何从众多控制变量的集合中识别真实的数据生成过程（data generating process，DGP）并寻找全局最优是模型设定面临的一个挑战。

随着最优化方法的发展和应用，计量模型的选择技术已经从简单的逐步回归方法发展到全局搜索策略，如基于退火的罗森 – 牛顿（Rawson – Newton）算法、套索回归（least absolute shrinkage and selection operator，LASSO）算法和最小角度回归（least angle regression，LARS）算法等搜索方法，但是这些模型采用不同的搜索参数和搜索起点，将会得到完全不相同的搜索结果（Castle，2006）。一些新的模型自动选择技术（automatic model selection technology，AMST）基于多路径、多样本的方法，通过前向或者后项检索来避免搜索起点差异导致的模型结果不同的问题，但是这些算法在还原路径上容易产生统计意义上的 I 类错误，仍然存在无法得到全局最优结果等问题。基于此，格拉兹曼和帕尼戈（Gluzmann and Panigo，2015）提出全局搜索回归（gobal search regression，GSREG），并对比

GSREG 算法相比较于其他算法的优势，如图 3 – 10 所示。

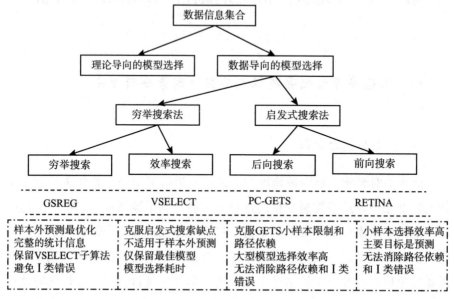

图 3 – 10　模型变量选择的主要算法

　　数据导向的模型选择方法包括穷举搜索法与启发式搜索法，启发式搜索主要使用前向和后项搜索方法，这一方法搜索效率较高，但是存在的主要问题是无法消除模型存在的路径依赖和统计学 I 类错误。而穷举搜索法具有代表性的算法包括 GSREG 算法和快速选择（VSELECT）算法，快速选择算法将模型选择的结果组成树结构，克服了启发式方法的弱点。而GSREG 算法继承了穷举搜索法的优点，能够克服前向和后项搜索带来的路径依赖，并且借鉴了快速选择算法算法的，可以保障样本外预测模型的最优性，允许对每个备选方案进行残差检验，给出了备选模型的变量统计信息，避免了 I 类统计错误。

（二）变量的相对重要性分析

　　GSREG 算法能够筛选出土地资源错配的决定因素，根据相关因素构建回归模型并进行分析，可以得到各变量对土地资源错配的影响程度，但是无法识别每个变量在土地资源错配中作用的大小。因此在 GSREG 算法构建模型的基础上，引入优势分析（dominance analysis，DA）（Budescu，1993）。优势分析是一种集合分析方法，自变量构成一个集合且每个集合都有一个模型估计结果。为了分析土地资源错配各因素在模型中的作用，使用相对重要性（relative improtance，RI）进行优势分析。

相对重要性分析通过对比所有估计结果的子集对模型整体方差的边际贡献大小，按照变量在模型中的相对重要性进行排序。当模型中增加一个变量时，解释方差或者 $R^2$ 的增加程度用于测度模型的特征，对于线性回归模型：

$$y = \alpha + \sum_{j=1}^{J} b_j x_j + e \qquad (3-28)$$

总的离差平方和（total sum of squares，TSS）为被解释变量 $y$ 的方差，其由两部分构成，分别是回归平方和（reregssion sum of squares，RSS）以及残差平方和（error sum of squares，ESS），也即是：

$$\mathrm{Var}(y) = TSS = \mathrm{Var}(\hat{y}) + \mathrm{Var}(e) = RSS + ESS \qquad (3-29)$$

式中，$\hat{y}$ 为被解释变量的估计值，对于解释变量而言，如果变量之间不存在相关关系，只需要计算解释变量与被解释变量之间的协方差，并除以被解释变量的方差即可得到该变量的贡献度。也即是：

$$R^2 = \frac{RSS}{TSS} = \frac{\mathrm{Var}(\hat{y})}{\mathrm{Var}(y)} = 1 - \frac{\mathrm{Var}(e)}{\mathrm{Var}(y)} \qquad (3-30)$$

菲尔茨（Fields，2002）将被解释变量的方差分解为：

$$\mathrm{Var}(y) = \sum_{j=1}^{J} \mathrm{Cov}(b_j x_j, \ y) + \mathrm{Cov}(e, \ y) \qquad (3-31)$$

模型中各解释变量对被解释变量的贡献度可以表示为：

$$R^2 = \frac{\sum_{j=1}^{J} b_j \mathrm{Cov}(x_j, y)}{\mathrm{Var}(y)} = 1 - \frac{\mathrm{Var}(e)}{\mathrm{Var}(y)} \qquad (3-32)$$

理论上，根据模型（3-32）可以对解释变量的相对重要性进行排序。然而，多数情况下变量之间存在相关性。为了解决这一问题，将解释变量 $x$ 对 $R^2$ 的贡献解释为边际效用 $M$，也即是：

$$RI = M_k = R^2 \left[ y = \alpha + b_k x_k + \sum_{j \in S} b_j x_j + e \right]$$
$$- R^2 \left[ y = a^* + \sum_{j \in S} b_j^0 x_j + e^* \right] \qquad (3-33)$$

式中，$S$ 表示不包含解释变量 $k$ 的其他解释变量所组成的结合，公式（3-33）本质是为包含解释变量 $k$ 的 $R^2$ 与不包含解释变量 $k$ 的 $R^2$ 之间的差。由于线性回归模型中，一共包含了 $P$ 个解释变量，那么变量组合的模型估计结果一共有 $2^P - 1$ 种。

模型（3-33）可能存在的另外一个问题是，如果解释变量中存在两个解释变量 $x_1$ 和 $x_2$，那么模型（3-33）可能会高估 $x_2$ 的边际贡献，而低估 $x_1$ 的边际贡献（Ye et al.，2015）。因此布德斯库（Budescu，1993）建议使用变量之间的平均值作为相对重要性的边际效用：

$$RI = \frac{(RI_1 + RI_2)}{2} \qquad (3-34)$$

### （三）再中心化影响函数回归模型（RIF regression）

基于 GSREG 算法以及 RI 分析，能够对土地资源错配的驱动因素进行分解。但是土地资源错配表现出区域、城市规模间异质性，仅从全局模型无法识别异质性的来源。因此，进一步引入再中心化影响函数（recentered influence function，RIF）对土地资源错配的异质性进行讨论。

影响函数（influence function，IF）是一种用于分布统计和泛函对数据扰动鲁棒性的统计分析工具（Cowell and Flachaire，2007）。戴维斯等（Davies et al.，2017）认为，IFs 特别是 RIF 可以用于分析线性回归模型中解释变量 $X$ 分布变化对 $Y$ 条件分布的影响。

被解释变量 $Y = (y_1, y_2, \cdots, y_n)$，可以根据其累积分布函数 $F_Y$ 和概率分布函数 $f_Y$ 来估计其分布，得到统计量 $v(\cdot)$ 如均值、方差、分位数、集中度和不平等指数等。为了得出样本的变化对整体分布的影响，$v(\cdot)$

可以通过累积分布函数 $F_Y$ 的后验分布 $G_Y$ 获得：

$$\Delta v = v(G_Y) - v(F_Y) \qquad (3-35)$$

$\Delta v$ 测度了从样本的累积分布函数 $F_Y$ 到后验分布 $G_Y$ 的变化，这一变化将导致样本中的所有变量的相对位置发生变化。

基于这一概念 $IF$ 函数的表达式可以表示为：

$$IF(y_c;\ v(F_Y)) = \lim_{\varepsilon \to 0} \frac{v((1-\varepsilon)F_Y + \varepsilon F_Y) - v(F_Y)}{\varepsilon} = \frac{\partial v(F_Y \to H_{Y_c})}{\partial \varepsilon}$$

$$(3-36)$$

式中，$H_{Y_c}$ 表示仅在 $Y_c$ 处取值的分布；$IF$ 函数的含义是样本某一变量发生了微小变化，会导致其统计量和分布发生变化。在 $IF$ 的基础上，$RIF$ 将样本"再中心化"，还原统计量在原始分布中的位置。考虑 $Y_c$ 微小变动对函数产生的影响可以得到统计量 $v(\cdot)$ 的近似值，表示为：

$$IF(y_i;\ v(F_Y)) = v(F_Y) + IF(y_i;\ v(F_Y)) \qquad (3-37)$$

与 IF 相比，RIF 不仅保留了 IF 对于样本微小变动产生的分布差异进行的测度，还可以用于直接估计由于样本变动带来的统计量变化，使得 IRF 可以与回归模型相结合，估计解释变量变动对被解释变量分布变动的影响。

解释变量 $X$ 和被解释变量 $Y$ 的联合分布函数为 $f_{Y,X}(y, x)$，代表了 $Y$ 与 $X$ 之间的线性或者非线性关系。其条件分布函数可以表示为：

$$f_{Y|X}(Y|X=x) = \frac{f_{Y,X}(y, x)}{f_X(x)} \qquad (3-38)$$

根据迭代期望定律，有：

$$Y_Y(y) = \int F(Y|X=x)\,\mathrm{d}F_X(x) \qquad (3-39)$$

进一步的，$IRF$ 的统计量可以表示为：

$$v(Y_Y(y)) = \int RIF(y;\ v(F_Y))\,\mathrm{d}F_Y(y) \qquad (3-40)$$

得到：

$$v(F_Y(y)) = \int E(RIF(y;\ v(F_Y))|X=x)\,\mathrm{d}F_X(x) \qquad (3-41)$$

因此，$RIF$ 可以与 $OLS$ 回归相结合，得到线性模型表达式：

$$RIF(y; v(F_Y)) = X_i'\beta + \varepsilon_i \qquad (3-42)$$

式中，$E(\varepsilon_i) = 0$，其统计量表示为：

$$v(F_Y) = E(RIF(y; v(F_Y))) = E(X_i'\beta) + E(\varepsilon_i) = \bar{X}'\beta \qquad (3-43)$$

统计量 $v(\cdot)$ 可以选择为均值、方差、分位数或者基尼系数等不平等指数，使得 RIF 回归可以估计解释变量 $X$ 变化对 $Y$ 分布的差异性影响。

根据前面研究，土地资源错配表现出了明显的异质性和空间差异性，具体表现在不同地区、不同城市规模之间土地资源错配程度的异质性。为了探讨这一差异性的来源，进一步将处理效应引入 RIF 回归。假设存在两个分组，如东部地区 $=1$，中西部地区 $=0$；或者大中城市 $=1$，非大中城市等于 0。两个分组之间对应的解释变量 $Y_1$ 和 $Y_2$ 满足非混淆假设（unconfoundedness assumption，UA），也即是分组方法尽可能的随机。那么基于处理效应 T 分组联合概率分布函数和累积分布函数可以表示为：

$$f_{Y,X}^k(y, x) = f_{Y|X}^k(Y|X)f_X^k(X) \qquad (3-44)$$

$$F_Y^k(y) = \int F_{Y|X}^k(Y|X)\mathrm{d}F_X^k(X) \qquad (3-45)$$

式中，$T = k \in [0, 1]$，因此对于处理效应 T 其在 C 处的拟合函数可以表示为：

$$F_Y^c = \int F_{Y|X}^0(Y|X)\mathrm{d}F_X^1(X) \cong \int F_{Y|X}^0(Y|X)\mathrm{d}F_X^0(X)\omega(X)$$

$$(3-46)$$

根据贝叶斯准则，权重 $\omega(X)$ 可以表示为：

$$\omega(X) = \frac{\mathrm{d}F_X^1(X)}{\mathrm{d}F_X^0(X)} = \frac{\mathrm{d}F_{X|T}(X|T=1)}{\mathrm{d}F_{X|T}(X|T=0)} = \frac{1-P}{P}\frac{P(T=1|X)}{1-P(T=1|X)}$$

$$(3-47)$$

$P$ 表示 $T=1$ 时样本占比，可以观测群组 1 的概率，这一概率可以通过 Logit 或者 Probit 等估计得到。

为了得到不同处理组差异的构成，按照处理效应 T 设置统计量分组：

$$v_c = E(RIF(y_i; v(F_Y^C))) = \bar{X}^{c'}\hat{\beta}^c \qquad (3-48)$$

对 $RIF$ 进行瓦哈卡 - 布林德（Oaxaca - Blinder，OB）分解得到

$$\Delta v = \underbrace{\bar{X}^{1\prime}(\hat{\beta}_1 - \hat{\beta}_C)}_{\Delta V_S^P} + \underbrace{(\bar{X}^1 - \bar{X}^C)^\prime \hat{\beta}_C}_{\Delta V_S^e} + \underbrace{(\bar{X}^C - \bar{X}^0)^\prime \hat{\beta}_0}_{\Delta V_X^P} + \underbrace{\bar{X}^{c\prime}(\hat{\beta}_c - \hat{\beta}_0)}_{\Delta V_X^e}$$

$$(3-49)$$

式（3-49）经过 OB 分解可以划分为四个部分，$\Delta V_S^P$ 为纯特征效应（pure composition effect，PCE）是变量的系数解释，$\Delta V_S^e$ 为权重分配误差（reweighting error，RE），$\Delta V_X^P$ 表示纯系数效应（pure wage structure，PWS），$\Delta V_X^e$ 为模型设定误差（specification error，SE）。$\Delta V_S^P + \Delta V_S^e$ 表示模型中不可解释的总系数效应（total wage struction，TWS），$\Delta V_X^P + \Delta V_X^e$ 表示模型中可以解释的总特征效应（total composition effect，TCE）。可解释部分产生的原因为生产力或者经济水平差距，而不可解释部分是现实无法观测的，表示在经济条件、资源禀赋等特征相同的情况下土地资源错配的差异。

（四）变量列表

在模型设定中，考虑 GSREG 算法基于数据导向，可以遍历数据并生产结果，因此基于数据的可获得性，尽可能多的筛选土地资源错配相关的变量，如表 3-6 所示。

表 3-6　　　　　　　　　　　　GSREG 模型控制变量

| 一级指标 | 二级指标 | 符号 | 计算 |
| --- | --- | --- | --- |
| 经济发展 | 经济发展水平 | *Pgdp* | 人均 GDP 的自然对数 |
| | 经济增长速度 | GDP_g | GDP 增长率 |
| | 工业化水平 | *Indus* | 第二产业增加值占 GDP 比重 |
| | 产业高级化 | *Indus_high* | 第三产业增加值/第二产业增加值 |
| 财政与投资 | 土地财政 | *Land_Fiscal* | 土地出让收入占财政收入比重 |
| | 财政缺口 | *Fiscal_gap* | （财政支出 - 财政收入）/财政收支总额 |
| | 房地产投资 | *REI* | 房地产投资占 GDP 比重 |
| | 开放程度 | *FDI* | 外商直接投资占 GDP 比重 |

续表

| 一级指标 | 二级指标 | 符号 | 计算 |
|---|---|---|---|
| 市场与要素禀赋 | 资源依赖程度 | *Resource* | 资源相关产业从业人口占总人口比重 |
| | 人力资本 | *Labour* | 年末就业人口自然对数 |
| | 人口密度 | *DENS* | 每平方公里人口数 |
| | 居民消费 | *Consum* | 居民消费占 GDP 比重 |
| | 金融发展 | *Finance* | 金融机构存贷款余额占 GDP 比重 |
| 其他因素 | 政府治理 | *Govern* | 百万财政供养人口 |
| | 工业用地 | *Ins_land* | 工业用地面积占建设用地比重 |
| | 环境规制水平 | *ER* | 节能环保支出占 GDP 比重 |
| | 研发投入 | *RD* | R&D 支出占财政支出比重 |

## 二、土地资源错配驱动因素识别

采用 GSREG 对 17 个变量进行全局检索，一个进行 131069 次模型估计，得到表 3-7 的估计结果。

表 3-7　　　　　　　控制变量筛选的统计检验指标

| *Preds* | $R^2 - ADJ$ | *C* | *AIC* | *AICC* | *BIC* |
|---|---|---|---|---|---|
| 1 | 0.1449 | 231.0444 | 8195.399 | 8195.413 | 8206.257 |
| 2 | 0.1965 | 116.6376 | 8091.565 | 8091.588 | 8107.851 |
| 3 | 0.2266 | 50.2456 | 8028.134 | 8028.17 | 8049.85 |
| 4 | 0.2338 | 35.1873 | 8013.41 | 8013.461 | 8040.555 |
| 5 | 0.2369 | 29.2594 | 8007.581 | 8007.648 | 8040.155 |
| 6 | 0.2396 | 24.2567 | 8002.635 | 8002.721 | 8040.638 |
| 7 | 0.2416 | 20.8595 | 7999.262 | 7999.37 | 8042.694 |
| 8 | 0.2429 | 18.8836 | 7997.293 | 7997.425 | 8046.153 |
| 9 | 0.2446 | 16.1313 | 7994.537 | 7994.694 | 8048.826 |
| 10 | 0.2468 | 13.3131 | 7991.689 | 7991.907 | 8056.836 |

续表

| Preds | $R^2 - ADJ$ | C | AIC | AICC | BIC |
|-------|-------------|---------|-----------|-----------|-----------|
| 11 | 0.2477 | 12.1444 | 7990.497 | 7990.748 | 8061.073 |
| 12 | 0.2479 | 12.6782 | 7991.018 | 7991.306 | 8067.023 |
| 13 | 0.2481 | 13.2624 | 7991.588 | 7991.915 | 8073.022 |
| 14 | 0.248 | 14.4521 | 7992.77 | 7993.137 | 8079.633 |
| 15 | 0.2478 | 16.0287 | 7994.342 | 7994.753 | 8086.634 |
| 16 | 0.2473 | 18 | 7996.313 | 7996.77 | 8094.033 |

注：其中 $R^2 - ADJ$ 表示调整的 $R^2$；$c$ 指系数，AIC：Akaike's Information Criterion，赤池信息准则；AICC：Akaike's Information Criterion Corrected，修正的赤池信息准则；BIC：Bayesian Information Criterion，贝叶斯信息准则。

根据表 3 - 7 BIC 检验的最小值为 8040.155，提示应该包含 5 个解释变量，而根据调整的 $R^2$ 则应该选择 13 个解释变量。为了最大化识别土地资源错配的识别因素，最终选择 13 个解释变量构建模型。具体筛选得到的变量如表 3 - 8 所示。

表 3 - 8　　　　　　　　GSREG 筛选模型估计结果

| 变量 | 系数 | 标准差 | T 值 | P 值 | 95% 置信区间 | |
|------|------|--------|------|------|------|------|
| GDP_g | - 0.0636 *** | 0.0192 | - 3.32 | 0.001 | - 0.1013 | - 0.026 |
| Land_Fiscal | 0.3932 ** | 0.1582 | 2.49 | 0.013 | 0.0829 | 0.7034 |
| Fiscal_gap | - 1.9745 *** | 0.5011 | - 3.94 | 0.000 | - 2.9571 | - 0.9919 |
| Govern | - 1.2416 *** | 0.1397 | - 8.89 | 0.000 | - 1.5155 | - 0.9677 |
| FDI | 0.0613 * | 0.0359 | 1.71 | 0.088 | - 0.009 | 0.1317 |
| Labour | 0.4427 *** | 0.111 | 3.99 | 0.000 | 0.2249 | 0.6604 |
| DENS | 0.0005 ** | 0.0002 | 2.16 | 0.031 | 0.0000 | 0.0009 |
| Finance | 0.5513 *** | 0.1405 | 3.92 | 0.000 | 0.2757 | 0.8269 |
| Consum | 2.1019 *** | 0.7745 | 2.71 | 0.007 | 0.5831 | 3.6207 |
| Resource | - 2.1273 *** | 0.6948 | - 3.06 | 0.002 | - 3.4899 | - 0.7648 |

| 变量 | 系数 | 标准差 | T 值 | P 值 | 95% 置信区间 | |
|------|------|--------|------|------|--------------|--|
| RD | 3.0975 ** | 1.3062 | 2.37 | 0.018 | 0.536 | 5.659 |
| REI | 5.3144 ** | 2.5785 | 2.06 | 0.039 | 0.258 | 10.3708 |
| ER | 0.0222 *** | 0.0072 | 3.10 | 0.002 | 0.0081 | 0.0362 |
| 常数项 | 13.9771 *** | 1.3317 | 10.5 | 0.000 | 11.3657 | 16.5885 |

注：*** 表示通过了 1% 显著性检验，** 表示通过了 5% 显著性检验，* 表示通过了 10% 显著性检验。

根据表 3 – 8 的估计结果，首先 GDP 增长速度（GDP_g）与土地资源错配在 1% 的水平上显著为负，意味着经济发展速度越低的地区土地资源错配程度越高。

从财政角度来看，土地财政依赖程度（Land_fiscal）与土地资源错配呈现正相关，土地财政在地方财政收入中所占的比重越高，越容易造成土地资源错配。财政缺口（Fiscal_gap）和政府治理（Govern）与土地资源错配程度负相关。财政缺口较小意味着地方政府具有良好的管理能力和财政能力，能够通过其他财政手段获取足够的财政收入。

从投资角度来讲，外商直接投资（FDI）和房地产投资（REI）与土地资源错配正相关，外商资本涌入带来的投资效益往往会拉升地区商业和住房价格，从而扩大商住用地和工业用地价格差距，导致土地资源错配。而房地产投资的增加直接提升了商业和住宅价格，对土地资源错配具有直接影响。其他控制变量中，仅有资源依赖程度（Resource）与土地资源错配呈现负相关。

综上而言，基于数据导向的模型选择在估计结果上符合经济理论，表 3 – 8 的变量选择为进一步开展驱动因素的识别，奠定了坚实的数据和理论基础。

基于 GSREG 的模型设定，引入相对重要性分析，将各解释变量对被解释变量 $R^2$ 的边际贡献作为其相对重要性的排名，得到表 3 – 9 的估计结果。

　　根据表 3-9，模型整体的 $R^2$ 为 0.2528，从各变量对土地资源错配线性回归的相对重要性分析来看，政府治理能力（Govern）的边际贡献达到了 0.0689，排名第一位，标准化以后政府治理能力占到了全部变量贡献率的 27.26%，可以看出政府治理在土地资源错配中起到了决定性的影响。

表 3-9　　　　　　　　　　变量的相对重要性分析

| 变量 | RI | 标准化 RI | 排名 |
|---|---|---|---|
| GDP_g | 0.0129 | 0.051 | 7 |
| Land_Fiscal | 0.0035 | 0.0139 | 13 |
| Fiscal_gap | 0.0151 | 0.0596 | 6 |
| Govern | 0.0689 | 0.2726 | 1 |
| FDI | 0.0054 | 0.0212 | 12 |
| Labour | 0.0345 | 0.1364 | 2 |
| DENS | 0.0088 | 0.0349 | 11 |
| Finance | 0.0294 | 0.1164 | 3 |
| Consum | 0.0219 | 0.0868 | 4 |
| Resource | 0.0097 | 0.0384 | 10 |
| RD | 0.011 | 0.0437 | 9 |
| REI | 0.0201 | 0.0794 | 5 |
| ER | 0.0116 | 0.0458 | 8 |

　　劳动要素（Labour）、金融发展水平（Finance）、居民消费水平（Consum）和房地产投资（REI）分别位列第 2~5 位。劳动力状况和房地产投资的增加意味着更多的商业和住宅用地需求，劳动力的增加一方面需要更多的住房，另外也为工业化和城镇化提供了条件，对土地资源错配的相对贡献率达到了 13.64%，仅次于政府治理能力。房地产市场与政府土地出让的一级市场存在直接的关联，房地产投资过热拉高了商服和住宅用地价

格。金融发展程度与土地资源错配的关联程度主要体现在"土地融资"方面，地方政府将土地进行抵押以取得金融贷款成为"土地财政"的另外一种重要形式，金融发展程度较高的地区地方政府将土地作为抵押品的市场也就越成熟，其对于土地资源错配的贡献程度达到了 11.64%。财政缺口（Fiscal_gap）和 GDP 增长速度（GDP_g）的贡献率分别达到了 5.96% 和 5.10%，也对土地资源错配起到了重要影响，但是其相对重要性程度低于政府治理能力和市场化条件。图 3 − 11 为各变量对土地资源错配程度的贡献率。

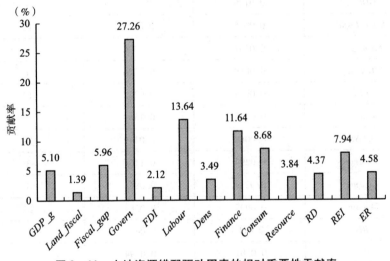

**图 3 − 11   土地资源错配驱动因素的相对重要性贡献率**

综上对比不难发现，影响土地资源错配的因素可以划分为两部分，一部分为政府治理能力，如政府治理能力、财政缺口、GDP 增长速度等；另外一部分为市场条件，如劳动要素、房地产投资等因素。

### 三、土地资源错配异质性的成图分析

为了探究土地资源错配的差异及其影响因素，使用 RIF 回归，以土地

资源错配程度的方差、90%～10%分位距和基尼系数进行回归，结果如表3-10所示。

表3-10　　　　　　　　　　土地资源错配不平等的驱动因素

| 变量 | 模型（3-6） | 模型（3-7） | 模型（3-8） |
|------|------|------|------|
| | 方差 | 90～10分位距 | 基尼系数 |
| GDP_g | 0.2001<br>（1.17） | 0.1226 **<br>（2.27） | 0.0048 ***<br>（3.54） |
| Land_Fiscal | 1.3596<br>（0.96） | 1.3898 ***<br>（3.11） | 0.0084<br>（0.74） |
| Fiscal_gap | 2.0262<br>（0.45） | 0.3712<br>（0.26） | 0.0659 *<br>（1.84） |
| Govern | -2.4070 **<br>（-2.03） | -0.9493 **<br>（-2.41） | 0.0164<br>（1.64） |
| FDI | -1.0870 ***<br>（-3.40） | -0.2285 **<br>（-2.26） | -0.0105 ***<br>（-4.10） |
| Labour | 1.7624 *<br>（1.78） | -0.5001<br>（-1.60） | 0.0046<br>（0.59） |
| Dens | 0.0029<br>（1.44） | 0.0032 ***<br>（4.96） | 0.0000<br>（1.49） |
| Finance | 6.1516 ***<br>（4.91） | 2.6815 ***<br>（6.77） | 0.0710 ***<br>（7.08） |
| Consum | 9.4979<br>（1.38） | -0.2152<br>（-0.10） | -0.0876<br>（-1.59） |
| Resource | -3.3759<br>（-0.55） | -2.6189<br>（-1.34） | -0.0241<br>（-0.49） |
| RD | 1.4203<br>（0.12） | -5.2368<br>（-1.42） | -0.0808<br>（-0.87） |
| REI | 7.1835 ***<br>（3.13） | -6.8927<br>（-0.95） | 0.0974<br>（0.53） |

| 变量 | 模型（3-6） | 模型（3-7） | 模型（3-8） |
|---|---|---|---|
| | 方差 | 90~10分位距 | 基尼系数 |
| *ER* | 0.3345\*\*\*<br>(5.25) | 0.0190<br>(0.94) | 0.0020\*\*\*<br>(3.95) |
| *Constant* | 3.6537<br>(0.31) | 8.2304\*\*<br>(2.19) | -0.0355<br>(-0.37) |
| *Observations* | 2369 | 2369 | 2369 |
| *R-squared* | 0.122 | 0.063 | 0.071 |
| *RIF* 均值 | 1.0518 | 0.8519 | 0.2727 |

注：\*\*\* 表示通过了1%显著性检验，\*\* 表示通过了5%显著性检验，\* 表示通过了10%显著性检验。

　　根据表3-10，土地资源错配的方差分解 RIF 均值为 1.0518，90%~10%分位距的 RIF 平均值为 0.8519，土地资源错配差异的基尼系数的 RIF 均值为 0.2727。这就说明各地区土地资源错配程度存在显著的差异或者不平等现象，RIF 均值表现了各因素对土地资源错配差距的影响程度。

　　具体到各变量来看，GDP 增长速度对土地价格方差的影响没有通过显著性检验，但是对土地资源错配90%~10%分位距和基尼系数的系数估计分别为 0.1260 和 0.0048，均通过了5%的显著性检验。这就意味着 GDP 增长率扩大了土地资源错配的差异，具体而言 GDP 增长率每提升一个百分点，会导致土地资源错配从90%~10%分位距的差距扩大85.19%，且会导致土地资源错配差异的基尼系数扩大27.27%。GDP 增长速度越高，各地竞争程度也就越激烈，导致土地资源错配程度的扩大。

　　土地财政（Land_fiscal）和人口密度（DENS）对土地资源错配的分位距影响显著为正，说明其增加了土地资源错配在不同分位点之间的差距。FDI 对土地资源错配的方差、分位距和基尼系数的估计系数均显著为负，说明 FDI 的增加会缩小土地资源错配的方差、分位距和基尼系数。在地区经济发展过程中，FDI 作为流动性较强的资本，是地方政府"以地引资"的重点对象,因此,FDI 较少的地区,更有可能通过扭曲土地价格来吸引 FDI 投资,当 FDI 发展到一定阶段,FDI 的吸引力下降,由此引起的土地资源错配差异程度也会相应地缩小。

金融发展水平(Finance)、房地产投资(REI)和环境规制(ER)在一定程度上导致了土地资源错配差异的扩大。金融发展水平提升了地方政府"以地融资"方式出让土地的比重,而金融发展水平较低的地区缺乏融资的外部条件。房地产投资的增加导致了居住和商业用地的土地价格,扩大了土地资源错配程度,进而导致不同地区土地资源错配差异的扩大。环境规制水平的提升导致高污染高能耗企业迁出,在缺乏其他要素吸引产业的情况下,地方产业结构受到影响,进而影响工业用地的需求和价格。

为了进一步分析土地资源错配的异质性,并对异质性驱动因素进行识别,利用 RIF 回归模型的 OB 分解,对东部地区与中西部地区,大中城市和非大中城市的土地资源错配差异进行了识别,结果如表 3-11 所示。

表 3-11　　　　　　分组处理效应的 RIF 回归分解

| 变量 | 区域异质性(东部=1,中西部=0) | | | 城市规模异质性(大中城市=1,非大中城市=0) | | |
|---|---|---|---|---|---|---|
| | 方差 | 90~10分位距 | Gini 系数 | 方差 | 90~10分位距 | Gini 系数 |
| Group_1 | 8.2296 ***(18.72) | 7.0087 ***(3.91) | 0.2683 ***(5.42) | 7.0285 ***(9.35) | 6.4603 ***(3.82) | 0.2532 ***(5.85) |
| Group_C | 11.5751 ***(4.45) | 5.2986 ***(4.54) | 0.2662 ***(4.37) | 7.8578 ***(5.48) | 6.8664 ***(7.52) | 0.2545 ***(5.78) |
| Group_2 | 12.9985 ***(12.39) | 7.6171 ***(5.46) | 0.2720 ***(4.01) | 16.5849 ***(4.21) | 9.3707 ***(9.18) | 0.2869 ***(7.76) |
| Difference | -4.7689 ***(-4.19) | -0.6084 **(-2.07) | -0.0037 ***(4.40) | -9.5563 ***(-6.90) | -2.9103 ***(-5.50) | -0.0337 ***(-3.86) |

| 变量 | 区域异质性<br>（东部 = 1，中西部 = 0） | | | 城市规模异质性<br>（大中城市 = 1，非大中城市 = 0） | | |
|---|---|---|---|---|---|---|
| | 方差 | 90 ~ 10<br>分位距 | Gini 系数 | 方差 | 90 ~ 10<br>分位距 | Gini 系数 |
| 特征效应 | - 1.4234 **<br>(2.22) | - 2.3184 ***<br>( - 6.12) | - 0.0058 **<br>(2.34) | - 8.7271 ***<br>( - 5.75) | - 2.5043 ***<br>( - 2.69) | - 0.0325 **<br>( - 2.03) |
| 纯特征效应 | - 4.9440 ***<br>( - 2.62) | - 1.8577 ***<br>( - 4.00) | - 0.0157 **<br>( - 2.44) | - 10.6143 ***<br>( - 6.99) | - 3.7599 ***<br>( - 6.70) | - 0.0410 **<br>( - 2.32) |
| 模型设定误差 | 3.5205 **<br>(2.17) | - 0.4607<br>( - 0.96) | 0.0099 *<br>(1.72) | 1.8873<br>(1.35) | 1.2556<br>(1.40) | 0.0085<br>( - 0.73) |
| 系数效应 | - 3.3455 **<br>( - 2.26) | 1.7101 ***<br>(4.20) | 0.0021 **<br>(2.11) | - 0.8293<br>( - 0.50) | - 0.4061<br>( - 0.39) | - 0.013<br>( - 0.07) |
| 权重分配误差 | - 0.0505<br>( - 0.02) | 0.1524<br>(0.50) | 0.0004<br>(0.13) | - 1.5367<br>( - 1.29) | - 0.6810<br>( - 0.71) | - 0.0042<br>( - 0.28) |
| 纯系数效应 | - 3.2950 **<br>( - 2.24) | 1.5576 ***<br>(5.00) | 0.0016 **<br>(2.14) | 0.7074<br>(0.41) | 0.2750<br>(0.24) | 0.0029<br>(0.15) |

注：*** 表示通过了 1% 显著性检验，** 表示通过了 5% 显著性检验，* 表示通过了 10% 显著性检验。

根据表 3 - 11，从区域异质性来看，无论是土地资源错配的方差、分位距还是基尼系数，中西部地区的系数效应均大于东部地区，说明中西部地区的土地资源错配差距更大，其中在方差上东部和中西部土地资源错配的差异甚至达到了 4.7689。相应的，城市规模异质性的检验也同样显示非大中城市土地资源错配差异要高于大中城市。

从区域异质性的效应分解来看，土地价格的方差差异主要来源于系数效应，占据了全部差异来源的 70.15%，特别是纯系数效应占据了系数效应的 98.49%。这就说明土地资源错配的方差差异来源于纯系数效应带来的不可解释部分，这部分差异无法基于区域异质性进行解释。而从分位距和基尼系数的差异来看，可解释部分的特征效应分别占据了东部与中西部全部差异的 381.07% 和 156.76%，均超过 100%，也即是分位距和基尼系数的差距全部可解释。分位距差异的纯特征效应占据了全部特征效应的80.13%，而基尼系数的特征效应全部基于纯特征效应。这就说明东部地区和中西部地区的特征差异，如经济特征、资源禀赋等是造成土地资源错配的主要因素。

从城市规模异质性的分解来看，特征效应是不同城市规模土地资源错配的主要来源，分别占据了方差、分位距和基尼系数差距的 91.32%、86.05% 和 96.44%，说明由于无法观测的城市规模"歧视"对土地资源错配差异的影响较小。从特征效应的分解来看，方差、分位距和基尼系数的纯特征效应占据了特征效应的比重超过 100%，也即是不同城市规模土地价格的方差、分位距和基尼系数变动差异的主要来源是其特征差异。

根据表 3-11，相比于方差，分位距和基尼系数的特征效应占据了土地资源错配来源的核心部分，而基尼系数对区域异质性的纯特征效应的解释程度要高于分位距。为了进一步研究区域和城市规模异质性的分解效应及其来源，主要基于基尼系数差异进行深入讨论，研究不同变量对土地资源错配差异程度的贡献，结果如表 3-12 所示。

根据表 3-12，从区域异质性的角度来看 GDP 增长速度（GDP_g）、居民消费水平（Consum）和房地产投资（REI）是造成东部地区和中西部地区土地资源错配程度差异的主要因素。GDP 增长速度对纯特征效应的系数估计显著为正，而其对应的纯特征效应为负，说明 GDP 增长速度降低了纯特征效应对土地价格基尼系数的贡献率。随着 GDP 增长率的增加，东部地区和中西部地区土地资源错配程度逐渐降低。居民消费水平和房地产投资是东部地区与中西部地区土地资源错配差异的主要因素。

表3-12　分组处理效应异质性的驱动因素

| 变量 | 区域异质性 (东部=1, 中西部=0) | | | | 城市规模异质性 (大中城市=1, 非大中城市=0) | | | |
|---|---|---|---|---|---|---|---|---|
| | Gini系数 纯特征效应 | Gini系数 模型设定误差 | Gini系数 纯系数效应 | Gini系数 权重设定误差 | Gini系数 纯特征效应 | Gini系数 模型设定误差 | Gini系数 纯系数效应 | Gini系数 权重设定误差 |
| GDP_g | 0.0145*** (2.96) | -0.0771** (-2.54) | 0.0396 (1.34) | -0.0002 (-0.07) | -0.0039 (-1.64) | -0.0374 (-0.98) | 0.0367 (0.76) | -0.0002 (-0.06) |
| Land_Fiscal | -0.0016 (-0.98) | -0.0132 (-0.90) | 0.0304 (1.57) | -0.0006 (-0.36) | 0.0040* (1.78) | -0.0313 (-1.23) | 0.0174 (0.71) | 0.0019 (0.30) |
| Fiscal_gap | -0.0062 (-0.60) | -0.1375** (-2.24) | 0.1552** (2.18) | -0.0000 (-0.00) | 0.0041 (0.60) | 0.0164 (0.28) | 0.0434 (0.61) | 0.0000 (0.05) |
| Govern | 0.0014 (0.15) | -0.4688* (-1.74) | 0.6716** (2.08) | 0.0053 (0.99) | 0.0257*** (3.08) | -0.3125 (-1.31) | 0.1282 (0.42) | -0.0001 (-0.06) |
| FDI | 0.0021 (1.53) | 0.0508*** (3.28) | -0.0415*** (-2.62) | -0.0046 (-1.15) | 0.0068*** (3.58) | -0.0189 (-1.25) | 0.0237 (1.45) | 0.0044 (1.39) |
| Labour | -0.0095 (-1.60) | -0.0163 (-0.24) | 0.0023 (0.03) | 0.0009 (0.45) | -0.0407*** (-6.31) | 0.0017 (0.01) | -0.2767** (-1.99) | -0.0127 (-1.32) |
| Dens | -0.0065 (-1.17) | 0.0062 (0.30) | -0.0281 (-0.95) | 0.0024 (0.65) | 0.0014 (0.91) | 0.1345*** (3.44) | -0.1143** (-2.57) | -0.0057 (-0.66) |

续表

| 变量 | 区域异质性 (东部=1, 中西部=0) | | | | 城市规模异质性 (大中城市=1, 非大中城市=0) | | | |
|---|---|---|---|---|---|---|---|---|
| | Gini 系数 纯特征效应 | Gini 系数 模型设定误差 | Gini 系数 纯系数效应 | Gini 系数 权重设定误差 | Gini 系数 纯特征效应 | Gini 系数 模型设定误差 | Gini 系数 纯系数效应 | Gini 系数 权重设定误差 |
| Finance | −0.0000 (−0.00) | 0.0547 (1.52) | 0.0831* (1.92) | −0.0003 (−0.14) | −0.0107* (−1.80) | −0.0360 (−0.75) | 0.0663 (1.09) | −0.0004 (−0.25) |
| Consum | −0.0127*** (−2.95) | −0.1633*** (−3.52) | −0.1202** (−2.34) | −0.0003 (−0.31) | −0.0041* (−1.73) | −0.2613*** (−3.52) | 0.1668* (1.93) | 0.0105 (1.62) |
| Resource | 0.0034 (1.30) | −0.0234*** (−2.69) | 0.0055 (0.66) | 0.0017 (0.59) | 0.0204*** (3.71) | −0.0786*** (−4.15) | 0.0392** (2.11) | −0.0013 (−0.17) |
| RD | 0.0022 (1.38) | −0.0043 (−0.82) | 0.0085 (1.29) | −0.0004 (−0.32) | −0.0000 (−0.17) | 0.0017 (0.18) | −0.0006 (−0.06) | −0.0001 (−0.05) |
| REI | −0.0074** (−2.53) | −0.0463* (−1.85) | −0.0164 (−0.53) | 0.0002 (0.21) | −0.0239*** (−4.47) | −0.0436 (−1.52) | −0.0091 (−0.25) | −0.0004 (−0.28) |
| ER | 0.0048 (1.19) | 0.0393*** (3.36) | −0.0588*** (−3.89) | −0.0039 (−0.31) | −0.0000 (−0.01) | −0.0230** (−2.08) | 0.0231* (1.71) | −0.0003 (−0.15) |

注：*** 表示通过了1%显著性检验，** 表示通过了5%显著性检验，* 表示通过了10%显著性检验。计算贡献率是为进行标准化处理。

从城市规模异质性的角度来看，劳动资源（labour）的纯特征效应估计系数为 - 0.0407，对纯特征效应的贡献率为 193.89%，对基尼系数总的差距贡献率达到了 120.70%。房地产投资（REI）和金融发展水平也是大中城市和非大中城市土地资源错配程度差异的主要来源，也即是大中城市和非大中城市劳动资源、金融发展和房地产投资的差异导致了土地资源错配程度的差异。

综合对比东部与中西部，大中城市和非大中城市表明，纯系数效应并未对土地资源错配差异的基尼系数产生明显贡献，意味着不存在由于经济增长、政府治理、财政压力、资源禀赋等完全一致但存在土地资源错配程度差异的现象。其政策含义是，土地资源错配并非自然存在的现象，其明显受到各地区发展特征的影响，这一研究结论为纠正土地资源错配提供了支持。

# 第四节　本章小结

本章主要测度土地资源错配程度，并对其空间和时间变化特征进行描述统计。研究证明了中国 285 个城市土地资源错配的存在，且发现土地资源错配水平不断提升，其内部差异逐渐缩小，越来越多的地区呈现出"高水平趋同扭曲"的特征。本章的研究为下面的研究奠定了指标和数据基础，为分析土地资源错配的影响提供了基本思路。

第一，本章总结了中国土地市场发展趋势，将改革开放以后土地市场化改革划分为三个阶段。第一阶段（1978 ~ 2001 年）为土地市场化的探索阶段，此时中国土地市场从无到有逐渐建立，土地相关的法律法规制度体系不断完善，但是由于土地国家所有的特殊属性，土地市场不完善，土地交易仅限于部分试点地区。第二阶段（2001 ~ 2013 年）为土地从商品属性逐渐向要素属性转变的阶段，土地的市场化流通机制不断完善，确定了经营用地的挂牌、拍卖、招标等流通转让制度，住宅用地、商服用地和工业用地的市场化体系逐渐建立完善。第三阶段（2013～2018 年）以党的十八大为标志，土地的要素属性被确定，土地要素市场化有了完整的法律和政策支撑，土地完成从商品到要素的完全转变，市场化程度不断深化。

第二，本章对中国土地资源错配程度进行了测度，以商服用地和住宅用地价格均值与工业用地价格之比作为土地资源错配程度的测度指标。这一测度方法一方面考虑了中国不同功能用地分割导致的"地价剪刀差"，另一方面反映了土地市场价格偏离其需求所导致的价格非正常状态。

第三，利用统计分析方法和工具对土地要素的数据特征进行了分析。首先，在数据描述的基础上，利用核密度分析方法对 2007～2018 年土地资源错配的分布趋势进行了分析。其次，利用 Dagum 基尼系数对土地资源错配的差异性进行了分析，将收入不平等指数引入土地资源错配差异的研究中，将样本按照东部、中部和西部划分为三个子群，分析区域内、区域间和超变密度对土地资源错配差异的贡献度。进一步的，采用收敛性分析对土地资源错配是否具有稳态发展路径进行了检验。最后，根据各地区土地要素价格的平均值所呈现出片状和线状集聚的特征，引入空间相关性分析，通过将城市所在经纬度距离的倒数作为空间权重矩阵，测度了 2007～2018 年 285 个城市土地资源错配的空间相关性。

第四，GSREG 算法解决了理论模型容易忽略变量，导致遗漏变量产生的模型设定偏误问题。遗漏变量带来的内生性问题虽然可以通过多种手段进行控制，使得模型估计结果的稳健，但是在分析变量对模型贡献时将会导致驱动因素识别有误。应尽可能多地选择控制变量，使用 GSREG 算法通过对数据的全局搜索，从而对土地要素价格的驱动因素进行了选择并设定线性回归模型。我们在 GSREG 的基础上采用相对重要性指标对各变量的贡献程度进行了分析，研究发现政府治理能力对土地财政、财政缺口和经济增长目标等政府行为在土地资源错配中起到了重要作用，而房地产投资、市场消费、金融发展等市场化手段也同样起到了重要作用。

进一步的，RIF 函数对土地资源错配的差异性和异质性来源进行了识别。使用 RIF 对土地价格要素扭曲的方差、分位数和基尼系数差异性来源进行分析,发现土地财政、房地产投资、环境规制和经济增长目标是导致土地资源错配差异性的主要来源。通过 Oaxaca – Blinder 分解对中部和中西部、大中城市和非大中城市的土地资源错配异质性进行研究发现,不可观测部分的系数效应对土地要素价格异质性的影响较小,意味着不存在由于经济增长、政府治理、财政压力、资源禀赋等完全一致但出现土地资源错配程度差异的现象。其政策含义是,土地资源错配并非自然存在的现象,其明显受到各地区发展特征的影响。这一研究结论为纠正土地资源错配提供了支持。

# 第四章

# 土地资源错配和价格扭曲的环境影响

现有研究关注了土地资源错配导致的产业集聚和"逐底竞争"对地区环境治理的影响，但是理论基础和实证检验仍然存在较多不足。其主要原因是土地要素被排除在生产函数之外，没有建立土地要素与环境污染之间直接或者间接的关联。本章将土地纳入生产函数，通过对地方环境污染治理成本支出的分析，推导出土地资源错配对环境污染的影响，并构建计量经济模型进行实证检验。本章分析了土地资源错配对环境污染的影响，得出了土地资源错配通过影响地方环境规制、地方竞争、资源依赖和产业结构等方面对环境污染影响的路径机制。在研究视角和理论上对分析土地资源错配的环境后果具有一定的贡献。

## 第一节 理论模型

### 一、生产函数

以卢皮亚斯和维尼奥（Loupias and Wigniolle，2013）模型为基础构建包含土地要素的生产函数：

$$Y_t = F(A_t K_t, H_t, L_t) \qquad (4-1)$$

式中，$Y_t$ 表示 $t$ 时期经济总产出；$K_t$、$H_t$ 和 $L_t$ 分别是资本、劳动和土地要素投入。假设模型形式为：

$$F(A_t K_t, H_t, L_t) = [\lambda A_t K_t + (1-\lambda) L_t]^\alpha H_t^{1-\alpha} \qquad (4-2)$$

式中，$\alpha$，$\lambda \in (0, 1)$ 且 $A_t > 0$，$A_t$ 代表了时间 $t$ 的内生技术进步。根据汉森和普雷斯科特（Hansen and Prescott，2002）的假设，土地要素的技术进步速度远远低于劳动和资本要素，因此假设土地要素不具有内生技术进步，且土地与资本存在要素替代（Hansenand Prescott，2002；Loupias and Wigniolle，2013）。在经济发展初期阶段，经济增长以要素密集型产业为主，此时土地要素投入较多；随着技术进步，产业部门向资本密集型产业转变，社会对于资本的需求越来越大而对于土地要素的需求也就越来越小。另外式（4-2）是 CES（constant elasticity substitution）生产函数，这就意味着社会生产对于土地资源 $L_t$ 的需求一直是上升的，即使土地资源可能趋向于零。

根据式（4-2），假设国民经济存在两个部门，$A$ 部门为土地要素密集型部门，其生产函数可以表示为：

$$F^A(H_t^A, L_t) = [(1-\lambda) L_t]^\alpha (H_t^A)^{1-\alpha} \qquad (4-3)$$

B 部门是资本密集型产业，其生产函数为：

$$F^B(H_t^B, A_t K_t) = (\lambda A_t K_t)^\alpha (H_t^B)^{1-\alpha} \qquad (4-4)$$

A 部门和 B 部门的总产出为：

$$Y_t = [(1-\lambda) L_t]^\alpha (H_t^A)^{1-\alpha} + (\lambda A_t K_t)^\alpha (H_t^B)^{1-\alpha} \qquad (4-5)$$

由于两个部门资本和土地存在替代关系，假设劳动在两部门之间分配，那么社会最大化生产的约束条件可以表示为：

$$\begin{cases} \max_{(H_t^A, H_t^B)} [(1-\lambda) L_t]^\alpha (H_t^A)^{1-\alpha} + (\lambda A_t K_t)^\alpha (H_t^B)^{1-\alpha} \\ \text{s. t. } H_t^A + H_t^B = H_t \end{cases} \qquad (4-6)$$

求解拉格朗日条件可以得到社会总产出：

$$Y_t = Y_A + Y_B = \left[\lambda A_t K_t + (1-\lambda)L_t\right]^{\alpha} L_t^{1-\alpha} \qquad (4-7)$$

根据式（4-7），以及约束条件 $k_t = \dfrac{K_t}{N_t}$, $l_t = \dfrac{L_t}{N_t}$ 不难求出资本和土地的边际生产率：

$$R_t \equiv \alpha\lambda\left[\lambda A_t K_t + (1-\lambda)l_t\right]^{\alpha-1} \qquad (4-8)$$

$$\chi_t \equiv \alpha(1-\lambda)\left[\lambda A_t K_t + (1-\lambda)l_t\right]^{\alpha-1} \qquad (4-9)$$

式中，$N_t$ 表示总人口；设定土地价格为 $\pi_t$；资本储蓄率为 $\rho_t$。当资本增长率 $k_t = 0$，$R_t \equiv \alpha\lambda\left[(1-\lambda)l_t\right]^{\alpha-1} < \rho_t$ 时，此时资本投入无法带来收益，其总量不再增加。

## 二、土地市场

假定经济部门在一定时期内土地供应总量 $L_t$ 不变，且土地在 A 和 B 部门之间分配，A 部门获得的土地份额用 $\omega \in [0, 1]$ 表示，也即是 $L_t^A = \omega L_t$，B 部门的土地总量为 $L_t^B = (1-\omega)L_t$，A 部门和 B 部门的生产函数已经由公式（4-3）和公式（4-4）给出，考虑到 B 部门生产函数中没有包含土地要素，B 部门生产取决于技术水平 $A_t$、资本水平 $K_t$ 和劳动要素 $H_t$，参考罗默（Romer，1986）的做法，认为技术进步来源于两个方面：人口压力（boserupian effect）和干中学（learing-by-doing effect）。因此，将技术水平表示为人口密度和资本的函数：

$$A_t = g\left(\frac{N_t}{L_t}, K_t\right) \qquad (4-10)$$

借鉴卢皮亚斯和维尼奥（2013）的做法，将技术水平表示为：

$$A_t = \left[\mu\left(A_N\left(\frac{N_t}{\bar{L}}\right)^{\beta}\right)^{\frac{v-1}{v}} + (1-\mu)\left(A_K^{\frac{1}{\alpha}}K_t^{\frac{1}{\alpha}-1}\right)^{\frac{v-1}{v}}\right]^{\frac{v}{v-1}} \qquad (4-11)$$

式中，$v > 1$，$0 < \mu < 1$，$\bar{L}$ 为社会土地供应，假设社会土地总量被全部使用，并且经济发展的初期资本为零，令 $\bar{L} = L_t$，$k_0 = 0$，式（4-11）可以根据 CES 函数形式进行泰勒展开，将技术水平 $A_t$ 表示为土地总量 $L_t$ 的函

数形式，为了简化模型表达，假设二者之间存在线性关系，即：

$$A_t = mL_t \qquad (4-12)$$

将 A 部门和 B 部门的生产函数重新表示为：

$$F_A(H_t^A, L_t) = [(1-\lambda)L_t]^\alpha (H_t^A)^{1-\alpha} = [(1-\lambda)^\alpha (H_t^A)^{1-\alpha}](\omega L_t)^\alpha \qquad (4-13)$$

$$F_A(H_t^B, L_t) = (\lambda A_t K_t)^\alpha (H_t^B)^{1-\alpha} = [(\lambda m)^\alpha (H_t^B)^{1-\alpha}][(1-\omega)L_t]^\alpha \qquad (4-14)$$

根据 Uhlig 法则，式（4-13）和式（4-14）可以简化为：

$$Y_A = (1-\lambda)\omega L_t \qquad (4-15)$$

$$Y_B = \lambda m(1-\omega)L_t \qquad (4-16)$$

### 三、土地资源影响环境污染的机制

A 和 B 两个部门在经济活动中产生污染排放，其生产活动决定了污染指数 $P \in [0, \infty)$ 的时间演变，可以表示为：

$$\dot{P} = \varepsilon(1-\lambda)\omega L_t + \eta\lambda m(1-\omega)L_t - \theta P \qquad (4-17)$$

式中，$\dot{P}$ 是 $P$ 的时间导数，参数 $\varepsilon > 0$ 和 $\eta > 0$ 衡量了部门 A 和 B 的总产出 $\alpha x \bar{L}$ 和 $\beta(1-x)\bar{L}$ 的污染累积过程，参数 $\theta > 0$ 表示了污染指数 $P$ 的衰减率。

假设污染对经济具有负面影响，并且总产出的一部分将会用来作为污染治理的投入，以修复污染水平 $P$ 带来的环境损害，那么考虑环境损害以后的总产出可以表示为：

$$\Omega_A(P) \cdot Y_A \qquad (4-18)$$

$$\Omega_B(P) \cdot Y_B \qquad (4-19)$$

式中，$\Omega_A(P)$ 和 $\Omega_B(P)$ 就是损失系数（damage coefficients）

$$\Omega_A(P) = \frac{1}{1+\delta P} \qquad (4-20)$$

$$\Omega_A(P) = \frac{1}{1+\delta P} \qquad (4-21)$$

参数 $\gamma > 0$ 和 $\delta > 0$，测度了部门 A 和 B 的易受污染程度（vulnerability to pollution）。损失系数是污染水平的减函数，污染水平越高，损害系数越低，因此部门的总产出和污染治理支出也就越低。污染治理支出由总产出和净产出之间的差额给出，也即是 $[1 - \Omega_A(P)] \cdot Y_A$ 和 $[1 - \Omega_B(P)] \cdot Y_B$，因此有：

$$1 - \Omega_A(P) = \frac{\gamma P}{1 + \gamma P} \qquad (4-22)$$

$$1 - \Omega_B(P) = \frac{\delta P}{1 + \delta P} \qquad (4-23)$$

假设部门 A 使用的土地份额为 $\omega$，地方政府可以干预土地出让的面积和价格，由于以 GDP 而非环境污染治理能力作为地方政府官员考核的依据，因此为了实现 GDP 增长，地方政府将土地出让给平均生产率最高的部门以获取最大收益：

$$\prod\nolimits_A(\omega, P) = \frac{\Omega_A(P) \cdot Y_A}{\omega L_t} = \frac{(1 - \lambda)}{1 + \gamma P} \qquad (4-24)$$

$$\prod\nolimits_B(\omega, P) = \frac{\Omega_B(P) \cdot Y_B}{(1 - \omega) L_t} = \frac{\lambda m}{1 + \delta P} \qquad (4-25)$$

根据模仿者方程（replicator equation）：

$$\dot{\omega} = \omega \left[ \prod\nolimits_A(\omega, P) - \overline{\prod}(\omega, P) \right] \qquad (4-26)$$

其中，$\dot{x}$ 是 $x$ 的时间导数：

$$\overline{\prod}(\omega, P) = \omega \prod\nolimits_A(\omega, P) + (1 - \omega) \prod\nolimits_B(\omega, P) \qquad (4-27)$$

式（4-27）测度了土地的平均生产率，根据式（4-24）如果 A 部门的平均生产率 $\prod_A(\omega, P)$ 高于整个经济体的平均生产率 $\overline{\prod}(\omega, P)$，那么土地份额 $x$ 就分配给 A 部门，式（4-27）还可以写为：

$$\dot{\omega} = \omega(1 - \omega)\left[ \prod\nolimits_A(\omega, P) - \prod\nolimits_B(\omega, P) \right] \qquad (4-28)$$

根据式（4-28），当 $\prod_A > \prod_B$（$\prod_A < \prod_B$）时，$\omega$ 的值增加（降低）；当 $\prod_A = \prod_B$ 时，$\omega$ 保持不变。这解释了现实经济活动中，盈利能力和生产率是土地选择的主要驱动力。$\omega$ 份额的变化影响污染水平 $P$，$P$ 的变

化影响经济部门的表现，那么 $\omega$ 随着时间演化的系统可以表示为：

$$\dot{\omega} = \omega(1-\omega)\left(\frac{(1-\lambda)}{1+\gamma P} - \frac{\lambda m}{1+\delta P}\right) \qquad (4-29)$$

$$\dot{P} = \varepsilon(1-\lambda)\omega L_t + \eta\lambda m(1-\omega)L_t - \theta P \qquad (4-30)$$

根据式（4-30），当 $\dot{P}=0$ 时不难得出污染水平 $P$ 和土地份额 $\omega$ 的关系：

$$P = \frac{\eta\lambda m L_t}{\theta} + (\varepsilon(1-\lambda) - \eta\lambda m)\frac{L_t}{\theta}\omega \qquad (4-31)$$

又因为假定经济活动中土地总量 $L_t$ 不变，因此 A 部门和 B 部门的土地份额比也即是两部门的土地价格比 $\left(\frac{\omega_A}{\omega_B} = \frac{\pi_B}{\pi_A}\right)$，最终得到土地价格和污染水平之间的关系。假设 $\alpha_0 = \frac{\eta\lambda m L_t}{\theta}$，$\beta_0 = (\varepsilon(1-\lambda) - \eta\lambda m)\frac{L_t}{\theta}$，因此，式（4-31）可以看作工业土地价格 $\pi$ 与污染水平 $P$ 的线性关系。

$$P = \alpha_0 + \beta_0\frac{\pi_B}{\pi_A} \qquad (4-32)$$

也即是，土地资源错配程度 $\left(\frac{\pi_B}{\pi_A}\right)$ 与环境污染水平 $P$ 存在线性相关关系。根据定义，土地资源错配为商服和住宅用地价格与工业用地价格的比值，因此，式（4-32）表示了土地资源错配与环境污染之间的线性关系。基于这一理论，构建计量经济学模型进行验证。

# 第二节  实证结果检验

## 一、计量模型设定

### （一）面板回归模型和调节效应模型

为了考察土地资源错配如何导致环境污染，进一步地分析这一效应的区域异质性及其背后传导机制，设定土地资源错配（LD）与环境污染（EP）之间的线性基础回归模型：

$$EP_{it} = \alpha_0 + \beta_1 LD_{it} + \beta_j Control_{it} + city_i + year_t + \varepsilon_{it} \qquad (4-33)$$

式中，$EP_{it}$为被解释变量，表示第$t$年$i$地区的环境污染水平；$LD_{it}$为土地资源错配程度。为了尽可能地控制遗漏变量偏误，选择可能影响环境污染水平的因素作为控制变量（$Control_{it}$）。$\alpha_0$表示截距项，$city_i$表示控制个体异质性的截距项，用以捕捉个体效应对模型的影响，$year_t$为控制时间异质性的截距项，用以捕捉影响样本的时间因素，如时间趋势、外部经济周期等。$\varepsilon_{it}$为满足经典计量假设的随机误差项，也即是$\varepsilon_{it} \sim i.i.dN(o, \sigma_i^2 t)$。

考虑到可能存在遗漏变量或变量互为因果导致的内生性问题，导致静态面板估计结果的偏误，需要对模型的内生性进行控制。首先，虽然面板数据尽可能多地获取数据信息，可以解决遗漏变量问题，但是理论上依然存在难以观测的遗漏变量。其次，环境污染除了受到外部因素影响，其自身也存在"路径依赖"，也即是环境污染是一个连续发展的过程，上一期污染排放水平高的地区很难在短期内降低污染排放水平。另外，土地资源错配与环境污染之间可能存在互为因果关系，土地资源错配导致产业集聚和产业结构变动，从而影响环境污染水平；与此同时，环境污染水平的增加可能会提升民众对于环境质量的诉求，地方政府改变环境规制强度和供地政策，进而会通过企业的土地需求变化来影响土地资源错配程度。因此，在基础模型（4-33）的基础上，加入被解释变量滞后一期将模型扩展到动态面板，并采用系统广义矩估计（generalized method of moments，GMM）来处理模型可能存在的内生性问题。动态面板模型的基本形式为：

$$EP_{it} = \alpha_0 + \rho EP_{i,t-1} + \beta_1 LD_{it} + \beta_j Control_{it}$$
$$+ city_i + year_t + \varepsilon_{it} \qquad (4-34)$$

邦迪等（2001）认为，相比较于水平 GMM 和差分 GMM，系统 GMM 可以有效地提升模型估计效率。另外罗德曼（Roodman，2009）对系统 GMM 的估计方法进行了扩展，可以估计不随时间变化的截面依赖性及避免因为工具变量过多导致的过度识别问题，并且系统 GMM 可以通过两步法（two-step）估计控制异方差，因此在对动态面板进行估计时采用系统 GMM（SYS – GMM）方法。

模型（4 – 33）和模型（4 – 34）研究了土地资源错配与环境污染的线性关系。但是土地价格本身变动并不会直接导致环境污染的加剧，土地价格不是污染物的直接来源。土地价格影响环境污染主要是通过对土地上的生产活动产生影响。为了识别这一影响，建立调节效应模型（moderator model），引入影响环境污染的调节变量 $M$，将模型形式设定为：

$$EP_{it} = \alpha_0 + \rho EP_{i,t-1} + \beta_1 LD_{it} + \beta_2 M_{it} + \beta_3 LD \times M_{it}$$
$$+ \beta_j Control_{it} + city_i + year_t + \varepsilon_{it} \qquad (4-35)$$

其中，$\beta_1$ 估计了 $LD$ 对环境污染的直接影响，$\beta_2$ 为调节变量 $M$ 对环境污染的影响，交互项 $LD \times M_{it}$ 则反映了变量 $M$ 对 $LD$ 的调节作用，也即是 $LD$ 通过 $M$ 对环境污染产生的影响，这一影响是非线性的，表示 $LD$ 每变化一个单位所引起的被解释变量 $EP$ 的变化受到调节变量 $M$ 的变化而变化，也即是：

$$\frac{\partial EP}{\partial LD} = \beta_1 + \beta_3 M_{it} \qquad (4-36)$$

**（二）空间面板数据模型**

一方面，Moran's I 检验验证了中国土地要素价扭曲程度的变化具有空间相关性。另一方面，环境污染活动具有空间扩散的特征，除自然原因能够导致污染物发生空间扩散外，地方政府的引资竞争活动导致各地区降低环境标准吸引产业转移，也会带来区域整体环境污染水平的改变。因此，进一步引入空间面板模型，设定空间面板模型的基本形式为：

$$EP_{it} = \alpha + \rho W \times EP_{it} + \beta_j Control_{it} + \theta_j W \times Control_{it} + \varepsilon_{it} \qquad (4-37)$$

式中，$\varepsilon_{it} \sim N(0, \delta^2 I_n)$；$I_n$ 为单位向量；$W$ 为空间权重矩阵，采用式（4 – 23）作为空间权重矩阵。模型（4 – 37）为空间面板杜宾模型（spatial durbin model，SDM）。空间杜宾模型是其包含了空间误差项和空间滞后项，因此是空间误差模型（saptial error model，SEM）和空间自相关模型（spatial autoregressive model，SAR）一般化形式，可以转换为 SEM 和 SAR 模型。

为了更好地解释空间模型的系数，可以将空间模型的系数分解为直接效应、间接效应（溢出效应）和总效应（Lesage and Pace，2008））。其中直接效应测度了解释变量对本地区被解释变量的影响，包括解释变量对本地区解释变量的直接影响以及解释变量对其他地区的影响又返回来作用于本地区效应的总和。间接效应也称为溢出效应，指的是本地区变量对其他地区产生的影响，总效应则表示直接效应和间接效应的和。

## 二、变量说明和数据描述

### 1. 被解释变量

环境污染水平（$EP$）。构建两种指标来衡量环境污染状况：碳排放（carbon emission，CE）和综合环境污染指数（pollution index，PI）。

中国自 2007 年以来成为全球碳排放总量最大的国家，同时中国在签署《巴黎协定》时承诺到 2030 年达到碳排放峰值，单位国内生产总值在 2030 年比 2005 年减少 50%～65%，非化石能源占一次能源的比重提升到 30% 左右。2021 年中国进一步宣布到 2030 年达到碳峰值，到 2060 年实现碳中和的目标，并将碳峰值和碳中和作为近几年的重点任务之一。因此碳排放总量不仅反映了环境污染水平，也关系到中国履行《巴黎协定》、建设生态文明以及实现经济高质量发展的战略定位。

然而当前中国城市层面没有统一标准的碳排放数据从直接来源和间接来源两方面来测度各地区的碳排放总量（吴建新和郭智勇，2016；Du and Sun，202）。直接来源主要从能源消费角度，考虑数据的可获得性，包括天然气消费和液化石油气消费，间接碳排放来源主要是电力和热力消费。根据联合国政府间气候变化专门委员会（intergovernmental panel on climate change，IPCC）公布的能源消费碳排放标准，天然气的碳排放总量为每立方米排放二氧化碳 2.1622 千克，液化石油气的碳排放为每千克排放二氧化碳 3.1013 千克。对于电力系统碳排放的测度，根据《省级温室气体清单编制指南》，中国各地区电力属于不同的电网系统，水电、风电和热电在供电总量中的比例不同导致碳排放系数存在差异，表 4-1 列示了各电网系统的碳排放系数。

表 4-1                                    电网系统碳排放系数

| 电网名称 | 覆盖省域 | 碳排放系数<br>（千克二氧化碳/千瓦时） |
| --- | --- | --- |
| 华北电网 | 北京、天津、河北、山西、山东、内蒙古西部 | 1.246 |
| 东北电网 | 辽宁、吉林、黑龙江、内蒙古东部 | 1.096 |
| 华东电网 | 上海、江苏、浙江、安徽、福建 | 0.928 |
| 华中电网 | 河南、湖北、湖南、江西、四川、重庆 | 0.801 |
| 西北电网 | 陕西、甘肃、青海、宁夏、新疆 | 0.977 |
| 西南电网 | 广东、广西、云南、贵州 | 0.714 |
| 海南电网 | 海南 | 0.917 |

资料来源：《省级温室气体清单编制指南》。

考虑到中国城市供热主要由锅炉和火力发电两部分组成，原煤是主要的供热燃料。因此，热力碳排放的计算方法如下：首先利用热负荷、热效率和煤炭发热量系数计算现有供热水平所需的煤炭数量，根据煤炭消耗数量折算为标准煤（折算系数 0.7143 千克）。进一步的计算标准煤热效率，中国集中供热的锅炉以小锅炉为主，GB/T15317-2009《煤炭工业锅炉节能监测》中规定，燃煤工业锅炉的热效率最低值为 65%~78%。其次，参考吴建新和郭智勇（2016）的做法将热效率值设定为 70%。最后，将天然气、液化石油气、电力和热力系统的碳排放总量加总得到城市层面的碳排放总量。

碳排放测度了城市层面的环境污染水平，但是也有研究认为，相比于碳排放，工业二氧化硫、工业废水、工业粉尘更能反映地区的污染状况。事实上当前中国环境污染的主要来源是工业生产，因此选取各工业二氧化硫、工业废水、工业粉尘进行主成分降维，合成综合环境污染指数反映各地区的环境污染状况。具体做法是：对各地区的工业污染物进行均值标准化处理，在此基础上采用两步全局主成分降维得到环境污染综合指数（PI）。

2. 控制变量

（1）经济发展水平，以价格平减后的人均GDP（PGDP）的自然对数及其平方项（PGDP）表示。经济发展水平较高的地区，往往具有较高的产业和人口需求，工业用地和商住用地之间的矛盾也就更加明显，根据环境库兹涅茨曲线（environmental kuznets curve，EKC），环境污染与经济发展水平之间存在倒U型关系（Grossman and Krueger，1996）。

（2）外商直接投资（FDI），以FDI投资占GDP比重表示。以美元计价的数值采用历年平均汇率折算成人民币，并采用CPI指数进行平减，FDI反映了地区对外开放程度和地方政府引资竞争程度（Cole et al.，2011）。

（3）资源依赖（Resource），表示地区对于资源相关产业的依赖程度，以采掘业就业人数占年末就业人数的比重表示。根据《全球资源展望》公布的数据，当前采掘业占到了全球碳排放总量的一半以上，采掘业发展对于资源产业的依赖将会带来资源的枯竭，导致环境的破坏（Badeeb et al.，2020；Hussain et al.，2020；Song et al.，2020b）。

（4）环境规制（ER），以地方政府财政支出中用于节能环保支出占地方财政支出总量的比重表示。现有研究对于环境规制在污染控制中的作用具有争议，一种观点认为环境规制强化了对污染排放的控制，企业为了达到排放标准不得不采用新技术、新工艺，从而降低污染排放总量。但是也有研究发现，环境规制会导致企业增加环境治理投入，直接增加了企业的成本，为了降低或者抵消成本的增加，企业往往扩大生产规模，导致最终排放总量不降反增（Song et al.，2019b；Song et al.，2020a）。

（5）产业结构（IS），将产业结构划分为产业工业化（Inus）、产业高级化（Indus_high）和产业合理化（Indus_ratio）。其中，产业工业化以工业增加值占 GDP 比重表示，产业高级化以第三产业增加值与第二产业增加值比重表示，产业结构合理化以产业结构的泰尔指数测度（Zhou et al.，2021a）。

（6）金融发展水平，以地区居民存贷款余额占 GDP 比重表示，衡量地区金融发展水平（Zhou et al.，2020）。大量研究表明金融发展对于环境污染具有重要影响，能够减少市场信息不对称并优化资产配置，金融发展水平较高的地区能够为企业绿色创新和政府环境治理提供资金支持（Bui，2020；Charfeddine and Kahia，2019；Shahbaz et al.，2013）。

（7）财政分权程度（Fiscal），衡量各地区财政分权下财政自给能力，用财政支出与收入的差额占财政收入总额的比重表示。财政分权体制下"唯 GDP"的经济增长方式使得中国经济被锁定在粗放发展路径上，被认为是造成环境污染的制度原因（Du and Sun，2021；Zhou et al.，2021b）。

（8）R&D 投入（RD），以各地区财政支出中 RD 支出占财政支出比重表示。绿色技术的研发与应用是降低环境污染的主要方式，新技术的采用能够减少污染排放并对环境污染进行治理，虽然部分研究认为技术水平的增加有可能不仅无法降低环境污染水平，还可能导致"回弹效应"，但是世界各国依然将绿色技术发展作为环境治理的主要措施（Song et al.，2019b；Song and Xie，2020）。

（9）人口密度（Dens），以每平方千米总人口表示。人口密度衡量了人口集中状况，人口密度集中地区一方面带来生活污染排放的增加，另一方面也能够为环境治理提供充足的人力资本（Song et al.，2019a）。

表 4-2 对主要变量进行了描述统计，对于涉及价格的指标以 2007 年为不变价进行调整。为消除异方差，对指标进行了自然对数处理，并进行了方差膨胀因子（variance inflation factor，VIF）分析和皮尔逊（Pearson）相关系数分析，结果表明各变量的 VIF 值小于 5，皮尔逊相关系数绝对值小于 0.5，说明变量之间多重共线性关系较弱。

**表 4 – 2　　　　　　　　　变量的描述性统计**

| 变量 | 符号 | 观测值 | 均值 | 标准误 | 最小值 | 最大值 |
| --- | --- | --- | --- | --- | --- | --- |
| 碳排放 | CE | 3420 | 6.2915 | 1.1314 | 3.6308 | 9.1276 |
| 综合环境污染 | PI | 3420 | 0.0400 | 0.0374 | 0.0000 | 0.2295 |
| 土地资源错配 | LD | 3420 | 5.8406 | 3.3881 | 1.2479 | 21.6793 |
| 产业工业化 | Inus | 3420 | 0.3712 | 0.1761 | -0.0076 | 2.1485 |
| 产业高级化 | Inus_high | 3420 | 0.8162 | 0.4002 | 0.0000 | 4.0353 |
| 产业合理化 | Inus_ratio | 3420 | 0.2711 | 0.2111 | 0.0000 | 1.7220 |
| 资源依赖程度 | Resource | 3420 | 5.4147 | 8.9557 | 0.0000 | 42.9467 |
| 外商直接投资 | FDI | 3420 | 0.0181 | 0.0182 | 0.0000 | 0.0854 |
| 环境规制 | ER | 3420 | 10.9901 | 0.9774 | 8.4686 | 13.9128 |
| 研发投入 | RD | 3420 | 0.0285 | 0.0460 | 0.0001 | 0.2146 |
| 人口密度 | Dens | 3420 | 5.7364 | 0.8820 | 2.9256 | 7.2127 |
| 金融发展水平 | Finance | 3420 | 1.3080 | 0.5518 | 0.4982 | 3.3590 |
| 财政分权程度 | Fiscal | 3420 | 2.8101 | 1.7602 | 0.9630 | 10.8156 |
| 经济发展水平 | PGDP | 3420 | 8.9755 | 0.5386 | 7.8798 | 10.5056 |

# 第三节　土地资源错配环境效率损失的实证讨论

本部分主要从三个方面展开土地资源错配对环境污染影响的讨论，首先，使用线性回归模型分析土地资源错配与环境污染之间的直接关联，并讨论这一关联在东中西和不同城市规模之间的异质性；其次，分析土地资源错配造成环境污染的原因和路径，分析土地资源错配与环境污染之间的内在关联；最后，进一步引入空间因素，从地方竞争和区域策略型互动的角度分析土地资源错配对环境污染的影响。

## 一、土地资源错配对环境影响的基础回归

### (一) 基础回归分析

表 4-3 列示了土地资源错配与环境污染的初步回归结果，被解释变量分别为碳排放（CE）和综合环境污染指数（PI）。表 4-3 分别采用固定效应（fixed effect，FE）、面板最小二乘法（panle ordinary least squares，POLS）和广义系统矩估计（system generalized method of moments，SYS-GMM）对模型进行估计。

基于表 4-3 中模型（4-1）和模型（4-5）的静态面板基本回归结果。可以看出，无论是碳排放还是综合环境污染指标，土地资源错配程度（LD）的增加都会导致污染排放总量的增加，且在 1% 的水平上通过了显著性检验。也即是土地资源错配程度每增加一个单位，会导致碳排放和综合环境污染指数增加 0.0271 个单位和 0.0220 个单位。地方政府通过压低工业用地价格进行招商引资，以吸引企业入驻，撬动地方固定资产投资，从而为实现辖区竞争获取有利条件。地方政府"以地引资"带来了大量的重复建设，产生过剩问题。在引资过程中甚至还存在关注引资数量而非质量争取投资规模和经济产出的最大化的高污染高能耗部门等问题。因此，土地资源错配带来的产能过剩和过度投资成为环境污染的主要原因。

表 4-3 中，固定效应回归初步揭示了土地资源错配对环境污染的影响。模型（4-4）和模型（4-8）列示了 SYS-GMM 的估计结果及相关检验，可以看出，AR（1）检验在 1% 的水平上显著，AR（2）无法通过显著性检验，说明扰动项的差分存在一阶序列自相关但是不存在二阶序列自相关，接受"扰动项无自相关"的原假设，说明采用 GMM 估计的合理性。

表 4 - 3　土地资源错配影响环境污染的基本回归

| 变量 | 被解释变量：ln(CE) | | | | 被解释变量：ln(PI) | | | |
| --- | --- | --- | --- | --- | --- | --- | --- | --- |
| | FE | FE | POLS | SYS-GMM | FE | FE | POLS | SYS-GMM |
| | 模型 (4-1) | 模型 (4-2) | 模型 (4-3) | 模型 (4-4) | 模型 (4-5) | 模型 (4-6) | 模型 (4-7) | 模型 (4-8) |
| $\ln(CE_{t-1})$ | | 0.5970*** (32.82) | 0.9223*** (130.75) | 0.6543*** (6.44) | | | | |
| $\ln(PI_{t-1})$ | | | | | | 0.4689*** (22.42) | 0.8127*** (68.12) | 0.7103*** (9.02) |
| LD | 0.0271*** (7.50) | 0.0095*** (3.15) | -0.0014 (-0.87) | 0.0550** (2.47) | 0.0220*** (5.76) | 0.0147*** (4.08) | 0.0036* (1.81) | 0.0584** (2.05) |
| RD | 0.1757 (1.38) | 0.0115 (0.11) | -0.1404 (-1.37) | -0.2975 (-0.68) | 1.1332*** (8.42) | 0.6424*** (5.26) | 0.4521*** (3.71) | 0.2405 (0.71) |
| FDI | -2.0772*** (-3.84) | -1.3222*** (-2.86) | 0.0125 (0.04) | 7.3394** (2.24) | -0.6635 (-1.17) | -0.4464 (-0.82) | -0.5236 (-1.54) | 11.4135* (1.70) |
| Dens | 0.0660 (0.90) | 0.0025 (0.04) | -0.0096 (-1.52) | 0.4786** (2.38) | -0.1847** (-2.40) | -0.2145*** (-3.09) | -0.0054 (-0.72) | -0.5694** (-2.04) |
| Finance | 0.2923*** (9.84) | 0.0807*** (3.18) | 0.0105 (1.16) | 0.2280** (2.27) | 0.1837*** (5.88) | 0.1345*** (4.56) | 0.0276*** (2.64) | 0.1582** (2.25) |
| ER | 0.1245*** (11.28) | 0.0315*** (3.06) | 0.0159** (2.38) | 0.0625** (2.06) | 0.0594*** (5.11) | 0.0412*** (3.46) | -0.0148* (-1.92) | 0.0601** (2.18) |
| Resource | 0.0030 (1.05) | 0.0002 (0.07) | -0.0013** (-2.42) | 0.0593** (2.48) | -0.0106*** (-3.48) | -0.0056** (-2.02) | 0.0000 (0.04) | -0.0093 (-0.34) |
| Fiscal | -0.0123 (-1.22) | -0.0046 (-0.55) | -0.0080* (-1.66) | -0.0079 (-0.12) | 0.0336*** (3.27) | 0.0187* (1.96) | 0.0068 (1.24) | -0.0036 (-0.04) |

续表

| 变量 | 被解释变量：ln(CE) | | | | 被解释变量：ln(PI) | | | |
|---|---|---|---|---|---|---|---|---|
| | FE | FE | POLS | SYS-GMM | FE | FE | POLS | SYS-GMM |
| | 模型(4-1) | 模型(4-2) | 模型(4-3) | 模型(4-4) | 模型(4-5) | 模型(4-6) | 模型(4-7) | 模型(4-8) |
| $PGDP$ | 2.2221*** (4.61) | 0.6090 (1.49) | -0.0672 (-0.34) | 6.8404 (1.57) | 0.0758 (0.15) | 0.0373 (0.08) | -0.0411 (-0.18) | -2.0319 (-0.39) |
| $PGDP^2$ | -0.0909*** (-3.49) | -0.0257 (-1.18) | 0.0078 (0.75) | -0.3749 (-1.65) | -0.0024 (-0.09) | -0.0009 (-0.03) | -0.0003 (-0.03) | 0.0690 (0.24) |
| 常数项 | -8.3418*** (-3.63) | -1.2026 (-0.62) | 0.4425 (0.47) | -33.3497 (-1.63) | -0.5356 (-0.22) | 0.2359 (0.10) | 0.5453 (0.49) | 15.1574 (0.62) |
| 时间/地区效应 | 控制 | 控制 | 控制 | 控制 | 控制 | 控制 | 控制 | 控制 |
| 观测值 | 2349 | 3082 | 2176 | 2176 | 2374 | 2209 | 2209 | 2209 |
| $R^2$ | 0.325 | 0.516 | 0.955 | | 0.193 | 0.353 | 0.762 | |
| AR (1) Test | | | | -4.71*** [0.000] | | | | -3.13*** [0.002] |
| AR (2) Test | | | | 0.70 [0.482] | | | | 0.75 [0.479] |
| Hausman Test | 194.87*** | 532.35*** | | | -108.55 | 644.23*** | | |
| Hansen Test | | | | 23.66 [0.210] | | | | 33.13 [0.101] |
| 工具变量个数 | | | | 31 | | | | 36 |

注：*** 表示通过了 1% 显著性检验，** 表示通过了 5% 显著性检验，* 表示通过了 10% 显著性检验。括号内为 t 值。[ ] 内为 P 值。AR（1）和 AR（2）为序列自相关检验。Hausman 检验判断断固定效应（FE）和随机效应（RE），由于篇幅限制 RE 结果不再列式。Hansne 检验主要判断模型是否存在过度识别，由于 Sargen 检验并不稳健，因此仅汇报 Hansen 检验。GMM 估计使用 Stata16.0 的 "xtabond2" 命令，加入 Small 选项得到小样本 T 值，加入 collapse 选项控制工具变量个数。

由于模型（4-4）和模型（4-8）分别有 31 个和 36 个工具变量，因此需要进行过度识别检验。基于异方差稳健的 Hansen 检验显示，模型（4-4）和模型（4-8）的 Hansen 检验 P 值分别是 0.210 和 0.101，介于 [0.1，0.25] 的合理区间，均接受"所有工具变量都有效"的原假设，不存在工具变量的过度识别问题（Roodman，2009）。

邦迪（2002）认为，使用 POLS 估计动态面板模型会造成被解释变量滞后一期的系数向上偏倚，而 FE 估计的系数则向下偏倚，SYS-GMM 的系数应该介于 POLS 估计和 FE 估计系数之间。对比表 4-3 的结果不难发现，SYS-GMM 估计得到的碳排放和综合环境污染指标的滞后一期系数介于 POLS 和 FE 估计系数之间，且系数方向与模型（4-1）和模型（4-5）的静态面板估计结果一致，也即是在 5% 的显著性水平上土地资源错配导致了碳排放和综合环境污染水平的增加。

从控制变量来看，控制了内生性以后，外商直接投资（FDI）与碳排放在 5% 的显著性水平上正相关。人口密度（Dens）在 5% 的显著性水平上与碳排放（CE）正相关而与综合环境污染指数（PI）负相关。现有研究普遍认为城市环境污染和拥堵的主要原因是人口集聚，李杰伟和陆铭（2018）认为虽然城市集聚增加了人口总量和通勤时间，但是如果城市通过改善土地供应结构，可以极大地降低由于人口集聚和交通用地带来的环境影响。特别地，人口的集聚同时带来了城市服务业的比重，增加了污染处理效应，反而可能有利于污染水平的降低（陆铭等，2019）。金融发展水平（Finance）在 5% 的显著性水平上与碳排放和综合环境污染正相关，说明样本期内金融水平的发展并未起到降低信息不对称以及优化资源配置以降低环境污染的作用，因此为了达碳中和和碳峰值目标，需要调整金融发展的结构，发展绿色金融。

（二）异质性分析

为了分析土地资源错配对环境污染的区域异质性，进一步将样本划分为东部和中西部、大中城市和非大中城市两个子样本进行回归，结果如表 4-4 所示：

表4—4　土地资源错配影响环境污染的异质性分析

| 变量 | 被解释变量：ln(CE) | | | | 被解释变量：ln(PI) | | | |
|---|---|---|---|---|---|---|---|---|
| | 东部 模型(4-9) | 中西部 模型(4-10) | 大中城市 模型(4-11) | 非大中城市 模型(4-12) | 东部 模型(4-13) | 中西部 模型(4-14) | 大中城市 模型(4-15) | 非大中城市 模型(4-16) |
| $\ln(CE_{t-1})$ | 0.6522*** (9.08) | 0.5912*** (15.62) | 0.8845*** (23.53) | 0.1753 (1.19) | | | | |
| $\ln(PI_{t-1})$ | | | | | -0.0007 (-0.01) | 0.6943*** (12.32) | 0.8184*** (39.68) | 0.6817*** (5.69) |
| $LD$ | 0.0137*** (2.63) | 0.0222* (1.95) | 0.0157*** (3.67) | 0.0696* (1.89) | 0.1004** (2.61) | 0.0334** (2.28) | 0.0137** (2.10) | 0.1475*** (2.76) |
| $RD$ | -0.0351 (-0.45) | -0.5703*** (-4.00) | 0.1438 (1.31) | -0.3293** (-2.50) | 0.9458*** (2.90) | 0.6563 (1.20) | 0.1941** (2.07) | 1.0122 (0.98) |
| $FDI$ | -4.0796** (-2.16) | -2.9186 (-1.26) | 4.5049*** (3.35) | -5.7216 (-0.67) | -5.4616 (-1.40) | 3.4511 (0.94) | -4.1357*** (-3.08) | 35.8135*** (3.10) |
| $DENS$ | -0.0166 (-0.12) | 0.0245 (0.44) | 0.1386** (2.60) | 0.2340 (0.98) | 0.1295 (0.60) | -0.0508 (-0.74) | -0.9551*** (-11.43) | -0.6063** (-2.39) |
| $Finance$ | 0.3176*** (4.09) | 0.0820 (0.90) | -0.0634** (-2.15) | 0.2633 (0.92) | 0.1121 (0.66) | -0.2142 (-1.50) | 0.1319*** (4.31) | 0.0869 (0.39) |
| $ER$ | 0.0788** (2.27) | 0.1033*** (3.70) | 0.0360** (2.37) | -0.0166 (-0.17) | -0.0897* (-1.70) | 0.1245** (2.00) | -0.0229 (-1.58) | -0.1592 (-1.51) |
| $Resource$ | 0.0084 (0.87) | 0.0208*** (3.92) | 0.0277*** (2.87) | 0.0104 (0.31) | -0.0389** (-2.06) | 0.0064 (0.73) | -0.0253*** (-3.01) | 0.0179 (0.76) |
| $Fiscal$ | -0.0033 (-0.08) | -0.0649* (-1.74) | 0.0544** (2.23) | 0.0269 (0.34) | 0.0282 (0.24) | 0.0705 (1.38) | 0.0792*** (4.18) | 0.0318 (0.30) |

续表

| 变量 | 被解释变量：ln(CE) | | | | 被解释变量：ln(PI) | | | |
|---|---|---|---|---|---|---|---|---|
| | 东部 模型 (4-9) | 中西部 模型 (4-10) | 大中城市 模型 (4-11) | 非大中城市 模型 (4-12) | 东部 模型 (4-13) | 中西部 模型 (4-14) | 大中城市 模型 (4-15) | 非大中城市 模型 (4-16) |
| PGDP | 7.2981*** (3.33) | 0.6577 (0.23) | -2.2335 (-1.27) | 6.5982 (1.50) | 8.5809 (1.18) | -1.1945 (-0.55) | 2.3688* (1.95) | -1.1051 (-0.26) |
| PGDP² | -0.3532*** (-3.17) | -0.0412 (-0.26) | 0.1104 (1.20) | -0.2861 (-1.22) | -0.4678 (-1.20) | 0.0493 (0.41) | -0.0954 (-1.50) | 0.0243 (0.11) |
| 常数项 | -35.7979*** (-3.27) | -1.3650 (-0.10) | 10.5638 (1.29) | -32.8259 (-1.60) | -39.7454 (-1.18) | 5.4601 (0.54) | -8.0210 (-1.41) | 11.4274 (0.58) |
| 时间/地区效应 | 控制 | 控制 | 控制 | 控制 | 控制 | 控制 | 控制 | 控制 |
| 观测值 | 946 | 848 | 643 | 1533 | 965 | 854 | 662 | 1547 |
| AR (1) Test | -3.94 [0.000] | -3.20 [0.001] | -3.68 [0.000] | -2.37 [0.018] | -1.75 [0.081] | -1.81 [0.070] | -1.76 [0.078] | -2.79 [0.005] |
| AR (2) Test | 0.05 [0.956] | 0.29 [0.769] | -0.62 [0.538] | -1.47 [0.140] | 1.47 [0.142] | 1.19 [0.233] | 0.41 [0.685] | 1.65 [0.100] |
| Hansen Test | 46.08 [0.173] | 43.54 [0.247] | 53.08 [0.139] | 3.23 [0.182] | 32.84 [0.284] | 19.74 [0.139] | 52.11 [0.188] | 15.89 [0.320] |
| 工具变量数 | 50 | 50 | 55 | 30 | 41 | 26 | 56 | 26 |
| 经验 P 值 | 0.014** | | 0.031** | | 0.018** | | 0.023** | |

注：*** 表示通过了 1% 显著性检验，** 表示通过了 5% 显著性检验，* 表示通过了 10% 显著性检验。括号内为 t 值，[ ] 内为 P 值。

　　根据表4-4，土地资源错配对中西部环境污染水平的影响大于东部地区；对非大中城市环境污染的影响大于大中型城市。从土地资源错配与碳排放的关系来看，土地资源错配每提升1个百分点，会导致东部地区碳排放增加0.0137个百分点、中西部地区碳排放增加0.0222个百分点。邹检验（Chow Test）的经验P值为0.014，通过了5%的显著性水平，拒绝"东部地区和中西部地区土地资源错配系数相等"的原假设。意味着模型（4-9）和模型（4-10）中系数具有可比性，也即是东部地区土地资源错配对碳排放的影响小于中西部地区。同时，根据模型（4-11）和模型（4-12）的检验说明其系数具有可比性，土地资源错配对非大中城市环境污染的影响大于大中型城市。

　　由于东部与中西部、大中城市和非大中城市经济发展水平的差异，当前产业转移的基本趋势表现为"从东部地区向中西部扩散、从大中城市向周边非大中型城市扩散"。中西部地区经济发展很大程度上依靠承接东部产业转移，为了促进经济发展的公平性，实现共同富裕的目标，中国土地供应时也应同样实行"偏向中西部"的土地供应政策。对于中西部地区，特别是中西部地区的非大中型城市而言，由于缺乏吸引投资的要素条件，以低价补贴吸引产业转移成为中西部投资增长的主要驱动力。对于非大中型城市而言，除了缺乏吸引投资的要素以外，还有一个重要原因在于可以依靠大中城市提供的广阔市场，高污染高能耗企业通过将产业向大中城市周边城市转移，来获取大中城市的清洁补贴和非大中城市的"地价补贴"，从而导致高污染企业在中小城市聚集。

（三）稳健性检验

　　为了保障研究结论的可靠性，降低模型设定、变量选取等带来的估计偏误，对基础回归结果进行稳健性分析，通过设定外生工具变量、更换核心变量以及考虑土地建设周期等现实情况依次进行检验。

1. 稳健性检验 I：2SLS 回归

虽然 GMM 可以有效的解决模型的内生性问题，但是 GMM 需要满足两个前提假设：（a）扰动项无自相关；（b）被解释变量的滞后项与个体效应不相关。假设条件（a）可以根据 AR（1）和 AR（2）检验进行统计检验，但是假设条件（b）尚未有成熟的统计检验方法，这就需要寻找额外的工具变量来进行内生性检验。在球形扰动项的假设下，两阶段最小二乘法（two stage least square，2SLS）可以提供多个工具变量的线性最优渐进组合。因此，选择外生的工具变量使用 2SLS 方法进行内生性估计以进行稳健性检验。

外生工具变量的选择需要满足"排他性约束"，也即是工具变量需要满足与内生解释变量相关且与扰动项不相关，为了得到严格外生的工具变量，本书从自然因素和社会经济因素两方面进行工具变量选择。首先，从自然因素来说，坡度反映了地区土地的陡缓程度，与土地利用高度相关（温秀萍，2007）。一般而言坡度越大的地区土地开发利用的难度越大，杨斌等（2019）认为土地坡度通过人类的经济活动进而影响土地资源错配程度，但是土地坡度与环境污染的影响不存在直接的因果关系，人类活动带来的污染排放无法改变地区坡度。因此，以城市平均坡度（slope）作为土地资源错配的外生工具变量。其次，选择各城市行政中心到沿海大港口距离（port distance）作为工具变量。基于"中心—外围"理论，中国经济发展呈现出从东部向中西部逐渐降低的趋势，陆铭等（2019）的研究发现距离港口越远的地方，投资对于经济发展的拉动力越小；而距离沿海港口距离越近，土地供应份额的比重越小，更容易导致土地资源的供求错配，因此距离港口的距离与土地资源错配的程度是密切相关的。最后，考虑到在球形扰动项假设下，2SLS 对于工具变量的线性组合估计更有效率，因此将平均坡度（slope）和港口距离（port distance）的线性组合同时纳入模型作为外生工具变量。

采用 2SLS 进行估计时需要对工具变量进行严格的统计检验，以防因为工具变量无效或者内生导致的模型估计偏误。首先，工具变量需要满足秩条件，也即是 $rank[E(z_ix_i')] = K$（满列秩），需要对工具变量进行不可识别检验（underidentification test）。不可识别检验的原假设是："$H_0: rank[E(z_ix_i')] = K - 1$"，备择假设为：$H_0: rank[E(z_ix_i')] = K$。在扰动项不存在异方差的情况下，采用"安德森拉格朗日乘数统计量"（Anderson LM statistic），可以对工具变量是否满足秩条件进行检验；如果存在异方差，"稳健的克莱贝根－帕普拉格朗日乘数统计量"（Kleibergen-paap rk Lmstatistic），的结果更加稳健（Kleibergen and Paap，2006）。不可识别检验的目的是为了验证工具变量与解释变量的相关性，如果工具变量与解释变量不具有相关性，那么得到的估计结果可能是有偏的。

其次，不可识别检验解决了工具变量 $z$ 和内生解释变量 $x$ 的完全不相关问题，如果两者之间的相关程度较弱，虽然可以通过不可识别检验但会导致估计结果的渐进方差变大，即使增加样本容量也难以收敛到真实参数值，导致"弱工具变量"（wear intruments）问题。为了识别弱工具变量问题，可以使用检验弱工具变量的经验规则"最小特征值统计量"（mimimum eigenvalue statistic），如果该检验的 F 统计量大于 10，那么可以拒绝"存在弱工具变量"的原假设（Stock and Yogo，2005）。在扰动项符合 $iid$ 的前提下可以根据克拉格－唐纳德－伍德 F 统计量（cragg-donald wald fstatistic）的临界值判断弱工具变量是否存在，如果放宽同方差假设那么稳健的克莱贝根－帕普拉格 F 统计量（kleibergen-paap wald rk fstatistic）的检验结果更加准确（Hausman et al.，2005；Stoc and Yogo，2005）。

当多个工具变量的线性组合作为工具变量纳入 2SLS 模型中时，还需要进一步进行"过度识别检验"，与 GMM 类似，一般采用同方差的"Sargen"统计量检验和异方差的"Hansen J"统计量。表 4 - 5 列示了采用 2SLS 方法得到的回归结果以及外生工具变量的检验。

**表 4 - 5**　　　　　　　　稳健性检验 I：外生工具变量的 2SLS 回归

| 变量 | 被解释变量：ln(CE) | | | 被解释变量：ln(PI) | | |
|---|---|---|---|---|---|---|
| | 模型 (4 - 17) | 模型 (4 - 18) | 模型 (4 - 19) | 模型 (4 - 20) | 模型 (4 - 21) | 模型 (4 - 22) |
| LD | 0.1013 ** (2.03) | 0.1026 *** (3.32) | 0.1024 *** (3.50) | 0.1508 ** (2.20) | 0.2626 *** (5.00) | 0.2474 *** (5.24) |
| 工具变量 | Slope | Port distance | Slope & Port distance | Slope | Port distance | Slope & Port distance |
| $R^2$ | 0.1906 | 0.1858 | 0.1865 | 0.2347 | 0.2990 | 0.1170 |
| 观测值 | 2373 | 2373 | 2348 | 2373 | 2373 | 2373 |
| 个体/时间效应 | 控制 | 控制 | 控制 | 控制 | 控制 | 控制 |
| 控制变量 | 控制 | 控制 | 控制 | 控制 | 控制 | 控制 |
| Kleibergen - Paap rk LM | 10.481 [0.001] | 27.493 [0.000] | 31.230 [0.000] | 10.109 [0.002] | 27.409 [0.000] | 31.045 [0.000] |
| Cragg - Donald Wald F | 11.234 | 50.584 | 28.015 | 10.798 | 50.947 | 28.093 |
| Kleibergen - Paap rk Wald F | 10.763 | 29.328 | 16.925 | 10.371 | 29.447 | 16.900 |
| Hansen J | | | 2.455 [0.117] | | | 1.463 [0.227] |

注：*** 表示通过了 1% 显著性检验，** 表示通过了 5% 显著性检验，* 表示通过了 10% 显著性检验。括号内为 t 值，[ ] 内为 P 值。在同方差条件下，GMM 可以还原为 2SLS，采用 2SLS 文件标准误回归，因此不再报告 Anderson LM 统计量和 Sargen 统计量. 由于篇幅限制，未报告第一阶段回归和控制变量系数。

根据表 4 - 5 的检验结果，稳健的克莱贝根 - 帕普拉格拉格朗日乘数统计量均在 1% 的显著性水平上拒绝 "$rank[E(z_i x_i')] = K - 1$" 的原假设，说明工具变量满足秩条件。Cragg - Donald Wald F statistic 和稳健的

Kleibergen – Paap rk Wald F 统计量均大于 10, 可以拒绝"存在弱工具变量"的原假设。由于单个外生工具变量基本不存在过度识别问题,因此对模型 4 – 19 和模型 4 – 22 中多个外生工具变量的线性组合进行过度识别检验,结果显示 Hanen J 统计量无法拒绝"所有工具变量都是外生"的原假设,也即是所有工具变量都是外生的与扰动项不相关。

工具变量检验结果显示,以城市平均坡度、距离沿海港口距离以及其线性组合作为工具变量,可以得到无偏的估计结果。表 4 – 5 的模型系数显示,土地资源错配(LD)系数在模型(4 – 17)~ 模型(4 – 22)中均在 5% 的显著性水平上为正,说明土地资源错配与环境污染呈现明显的正相关,验证了基础回归部分估计结果的稳健性。

2. 稳健性检验 II:更换核心变量

选择碳排放(EC)和综合环境污染指数(PI)作为被解释变量衡量环境污染水平,虽然对于研究土地资源错配与环境污染之间的关系提供了良好的研究视角,得到了可靠的结论。但是,由于碳排放数据基于城市能源、电力和热力消费进行估算,部分能源由于数据难以获得没有纳入到碳排放核算,因此存在较大的统计误差。另外,基于工业废水、工业二氧化硫和工业烟尘计算得到的综合环境污染指标也同样存在统计口径改变、数据可靠性难以保障等问题,并且不同的计算方法得到的综合指标在数值和变化趋势上也存在明显的差异,难以保障结果的唯一性。因此,获取可靠、准确的环境污染数据是检验估计的重要内容。

基于此,将雾霾污染的核心指标 PM2.5 作为环境污染的指标替代碳排放(EC)和综合环境污染指数(PI)作为被解释变量。中国对于 PM2.5 的监测与发布起步较晚,2013 年起中国在 74 个重点城市启用新版的《空气质量标准》,开始正式的检测与发布 PM2.5 污染数据,但是数据的准确性一直受到质疑(陈诗一和陈登科,2018)。因此采用哥伦比亚社会经济数据和应用中心(socio economic data and applications center, SE-DAC)公布的 PM2.5 浓度数据,这一数据基于卫星云图测度的气溶胶光学厚度(AOD)栅格解析得到各城市地表 PM2.5 浓度年份均值,从而消除自然条件（如土地类型、气候）等因素对 PM2.5 分布的短期影响（Ma et al.，2016）。

为了准确地反映各地区 PM2.5 的差异性，将各地区 PM2.5 数据按照年份和地区进行处理，得到历年 PM2.5 浓度的平均值（PM_Mean）和累计值（PM_Sum）。PM2.5 污染累积量（PM_Sum）消除了 PM2.5 的季节性和区域性变化，能够反映地区年度 PM2.5 污染状况，在中国南北和东西 PM2.5 污染差异较大的情况下可以消除均值带来的误差。

对于核心解释变量而言，按照第三章的讨论以各地区土地挂牌出让面积占总出让面积的比重作为土地资源错配程度的替代指标（LDr），从出让面积的角度衡量土地资源错配程度。估计结果如表 4-6 所示。

表 4-6　　　　　　　　　稳健性检验 II：更换核心变量

| 变量 | 被解释变量：$\ln(PM\_Mean)$ | | 被解释变量：$\ln(PM\_Sum)$ | | 被解释变量：$\ln(CE)$ | 被解释变量：$\ln(PI)$ |
|---|---|---|---|---|---|---|
| | 模型 (4-23) | 模型 (4-24) | 模型 (4-25) | 模型 (4-26) | 模型 (4-27) | 模型 (4-28) |
| LD | 0.1622 *** (4.12) | | 0.1154 *** (2.82) | | | |
| LDr | | 0.6129 *** (3.00) | | 0.5261 * (1.88) | 0.4340 *** (2.93) | 0.7939 ** (2.31) |
| 观测值 | 3441 | 3441 | 3173 | 3441 | 2373 | 2373 |
| 个体/时间效应 | 控制 | 控制 | 控制 | 控制 | 控制 | 控制 |
| 控制变量 | 控制 | 控制 | 控制 | 控制 | 控制 | 控制 |
| AR (1) | 17.28 [0.000] | -2.07 [0.039] | 0.26 [0.796] | -1.40 [0.160] | -4.62 [0.000] | -3.35 [0.001] |
| AR (2) | -0.07 [0.941] | -0.63 [0.527] | 0.33 [0.743] | -0.21 [0.830] | 0.93 [0.354] | 1.04 [0.300] |

| 变量 | 被解释变量:<br>ln(*PM_Mean*) | | 被解释变量:<br>ln(*PM_Sum*) | | 被解释变量:<br>ln(*CE*) | 被解释变量:<br>ln(*PI*) |
|---|---|---|---|---|---|---|
| | 模型<br>(4-23) | 模型<br>(4-23) | 模型<br>(4-25) | 模型<br>(4-26) | 模型<br>(4-27) | 模型<br>(4-28) |
| Hansen J | 12.12<br>[0.207] | 10.11<br>[0.182] | 15.96<br>[0.101] | 3.91<br>[0.419] | 21.96<br>[0.286] | 6.87<br>[0.231] |
| 工具变量个数 | 21 | 19 | 22 | 16 | 31 | 17 |

注:*** 表示通过了 1% 显著性检验,** 表示通过了 5% 显著性检验,* 表示通过了 10% 显著性检验。括号内为 t 值,[ ] 内为 P 值。由于样本限制,模型(4-23)至模型(4-26)的样本期间为 2007~2019 年;模型(4-27)至模型(4-28)的样本期间依然为 2007~2018 年。

根据表 4-6,除模型(4-25)和模型(4-26)的 AR(1)检验无法拒绝"存在一阶序列自相关"的原假设外,其他模型的 AR 检验、Hansen J 检验等均满足 GMM 的检验要求。部分研究认为,相比而言,AR(1)是否拒绝原假设对于 GMM 模型设定的影响并不是很大,如果 AR(2)能够接受原假设,那么动态面板的设定是有意义的。在保障模型估计结果可靠的情况下,可以看出模型(4-22)~模型(4-28)中土地资源错配(LD)及其替代指标(LDr)的系数均显著为正,说明了土地资源错配与环境污染水平存在较强的正相关性,随着土地资源错配程度的增加,环境污染程度也将不断加剧,进一步地验证了基本回归分析的结论。

3. 稳健性检验 III:考虑土地出让的滞后性

由于本书关注的重点是政府主导土地出让一级市场的资源错配程度,因此土地出让以后一般无法直接投入使用,需要在 1~3 年建设周期以后建设完成。特别是对于工业用地而言,一般是在建成次年开始投入生产并产生污染。虽然采用 SYS-GMM 将环境污染滞后一期纳入模型之中,但是无法研究土地资源错配对环境污染的长期趋势。因此,将土地价格进行提前期处理,在控制其他变量的情况下分别加入土地资源错配程度的前 3 期,估计结果如表 4-7 所示。

表4—7　稳健性检验Ⅲ：考虑土地出让的滞后性

| 变量 | 被解释变量：ln(CE) | | | | | 被解释变量：ln(PI) | | |
|---|---|---|---|---|---|---|---|---|
| | 模型（4—29） | 模型（4—30） | 模型（4—31） | 模型（4—32） | 模型（4—33） | 模型（4—34） | 模型（4—35） | 模型（4—36） |
| LD 提前 1 期 | 0.0530 **<br>(2.51) | | | 0.0068 **<br>(2.33) | 0.0713 ***<br>(2.99) | | | 0.0453 **<br>(2.11) |
| LD 提前 2 期 | | 0.0589 ***<br>(3.35) | | 0.0278 **<br>(2.09) | | 0.0614 **<br>(2.19) | | 0.0302 **<br>(2.48) |
| LD 提前 3 期 | | | 0.0539 **<br>(2.44) | 0.0140 **<br>(2.65) | | | 0.0269 ***<br>(2.74) | 0.0495 **<br>(2.20) |
| 观测值 | 2176 | 1995 | 1814 | 1814 | 2209 | 1795 | 1584 | 1584 |
| 个体/时间效应 | 控制 | 控制 | 控制 | 控制 | 控制 | 控制 | 控制 | 控制 |
| 控制变量 | 控制 | 控制 | 控制 | 控制 | 控制 | 控制 | 控制 | 控制 |
| AR（1） | -4.10<br>[0.000] | -4.29<br>[0.000] | -4.42<br>[0.000] | -4.26<br>[0.000] | -3.04<br>[0.002] | -2.34<br>[0.019] | -2.57<br>[0.010] | -2.33<br>[0.020] |
| AR（2） | -0.11<br>[0.913] | -0.02<br>[0.987] | -0.03<br>[0.980] | 0.85<br>[0.394] | 1.62<br>[0.104] | 1.10<br>[0.270] | 1.55<br>[0.121] | 1.47<br>[0.142] |
| Hansen J | 20.14<br>[0.386] | 27.22<br>[0.294] | 23.11<br>[0.233] | 39.03<br>[0.293] | 32.24<br>[0.121] | 18.44<br>[0.142] | 41.11<br>[0.295] | 36.41<br>[0.162] |
| 工具变量个数 | 31 | 36 | 31 | 49 | 36 | 25 | 49 | 43 |

注：***表示通过了 1% 显著性检验，**表示通过了 5% 显著性检验，*表示通过了 10% 显著性检验。括号内为 t 值，[ ] 内为 P 值。

根据表4-7核心变量土地资源错配程度（LD）提前1期、提前2期以及提前3期加入模型，可以看出模型（4-29）~模型（4-36）的估计结果基本在5%以上的水平上显著为正，意味着土地资源错配对于环境污染具有长期影响，即使控制了土地资源错配程度的时间效应以后，依然可以得到土地资源错配程度的增加导致环境污染水平加剧的研究结论。

## 二、土地资源错配对环境影响的成因和路径机制

根据式（4-35），分别加入土地资源错配与资源依赖、引资竞争、环境规制和产业结构的交互项，得到调节效应模型结果如表4-8所示。

表4-8　　土地资源错配的环境影响：资源、投资和环境规制视角

| 变量 | 被解释变量：ln(CE) | | | 被解释变量：ln(PI) | | |
|---|---|---|---|---|---|---|
| | 模型(4-37) | 模型(4-38) | 模型(4-39) | 模型(4-40) | 模型(4-41) | 模型(4-42) |
| | 资源依赖 | 引资竞争 | 环境规制 | 资源依赖 | 引资竞争 | 环境规制 |
| LD | 0.0865 **<br>(2.15) | 0.0292 **<br>(2.07) | 0.0795 **<br>(2.07) | 0.0958 **<br>(2.53) | 0.1092 **<br>(2.28) | 0.7598 **<br>(2.34) |
| Resource | 0.1019 **<br>(2.57) | | | -0.0039<br>(-0.27) | | |
| FDI | | 7.4904 **<br>(2.19) | | | 4.0906 **<br>(2.55) | |
| ER | | | 0.0686<br>(0.72) | | | 0.2939 *<br>(1.66) |
| LD × Resource | 0.0595 **<br>(2.03) | | | -0.0200<br>(-1.24) | | |
| LD × FDI | | 0.0689 ***<br>(2.93) | | | 0.0064 **<br>(2.13) | |

| 变量 | 被解释变量：ln(CE) | | | 被解释变量：ln(PI) | | |
|---|---|---|---|---|---|---|
| | 模型<br>(4-37) | 模型<br>(4-38) | 模型<br>(4-39) | 模型<br>(4-40) | 模型<br>(4-41) | 模型<br>(4-42) |
| | 资源依赖 | 引资竞争 | 环境规制 | 资源依赖 | 引资竞争 | 环境规制 |
| $LD \times ER$ | | | -0.0586**<br>(-2.41) | | | -0.0104**<br>(-2.24) |
| 观测值 | 2176 | 2176 | 2176 | 2209 | 2209 | 2209 |
| 个体/时间效应 | 控制 | 控制 | 控制 | 控制 | 控制 | 控制 |
| 控制变量 | 控制 | 控制 | 控制 | 控制 | 控制 | 控制 |
| AR (1) | -4.21<br>[0.000] | -4.37<br>[0.000] | -4.02<br>[0.000] | -2.74<br>[0.006] | -3.34<br>[0.001] | -3.45<br>[0.001] |
| AR (2) | 0.74<br>[0.458] | 0.89<br>[0.373] | 0.66<br>[0.511] | 1.62<br>[0.106] | 1.68<br>[0.092] | 1.45<br>[0.146] |
| Hansen J | 21.70<br>[0.246] | 20.17<br>[0.323] | 21.98<br>[0.233] | 14.30<br>[0.282] | 24.72<br>[0.133] | 22.70<br>[0.202] |
| 工具变量个数 | 31 | 31 | 31 | 25 | 31 | 31 |

注：*** 表示通过了 1% 显著性检验，** 表示通过了 5% 显著性检验，* 表示通过了 10% 显著性检验。括号内为 t 值，[ ] 内为 P 值。由于篇幅限制，交互项系数不再列出，仅列出基于交互项系数分解的净效应。控制变量与表 4-3 一致。

在表 4-8 调节效应模型中，通过交互项的净效应分解，得到土地资源错配通过资源依赖（Resource）、引资竞争（FDI）、环境规制（ER）和产业结构（IS）对环境污染的间接影响，从而得到土地资源错配导致环境污染的原因及其影响的路径机制。

土地资源错配（LD）对被解释变量碳排放（CE）和综合环境污染指数（PI）的系数均为正且通过了 5% 的显著性检验，进一步验证了土地资源错配与环境污染的关系。在调节效应模型中，土地资源错配系数表示了对环境污染影响直接效应，交互项的净效应则反映了土地资源错配在交互项影响下对环境污染产生的调节效应。

从资源依赖的角度来看，资源依赖程度（Resource）对碳排放影响的系数为 0.1019，在 5% 的水平上显著，但是对于综合环境污染指数影响则不显著，说明资源依赖程度导致二氧化碳排放总量的增加。从土地资源错配与资源依赖程度交互项的净效应（LD × Resource）来看，调节效应的净效应为 0.0595，在 5% 的水平上显著，意味着对于资源依赖程度较高地区，土地资源错配进一步导致了碳排放总量的增加。对于资源依赖程度较高的地区，地方政府为了促进本地区经济的快速增长，吸引产业入驻，从而导致资源密集型产业进一步的集聚，增加了地区总体的碳排放数量。土地资源错配与资源依赖程度交互项的净效应不显著，这主要是由于综合环境污染更多地从工业污染的角度进行测度，对于资源丰裕但是工业发展水平较低的地区而言，工业污染排放水平可能低于碳排放总量。

从引资竞争的角度来看，外商直接投资（FDI）对碳排放（CE）和综合环境污染（PI）的系数估计在 5% 的水平上均显著为正，意味着外商直接投资导致了环境污染排放的增加。外商直接投资与土地资源错配的交互项净效应（LD × FDI）显著为正，说明土地资源错配与外商直接投资对环境污染的影响表现出"协同效应"。地方政府为了实现经济增长的目标，往往比土地资源错配程度低的地区更加倾向于重视 FDI 的数量而忽略 FDI 的质量，导致土地资源错配和 FDI 投资对环境污染的负面效应叠加，最终对地区生态环境发展产生不利影响。

从环境规制的角度来看，地方环境规制水平（ER）的增加对碳排放和综合环境污染指数的影响并不显著，但是土地资源错配与环境规制交互项的净效应（LD × ER）却在 5% 的水平上显著为负，说明地方政府提高环境规制的水平，虽然不能够直接带来环境污染水平的降低，但是可以通过对土地资源错配形成外部约束，一定程度上能够降低污染排放总量增长的速度。

表 4 - 9 为基于产业视角土地资源错配影响环境的调节效应模型估计结果，依次将产业工业化（Indus）、产业高级化（Indus_high）和产业合理化（Indus_ratio）作为调节变量加入模型。在控制其他变量并保障 GMM 估计稳健的情况下，估计结果如表 4 - 9 所示。

**表 4 – 9　　　　　　土地资源错配的环境影响：产业结构视角**

| 变量 | 被解释变量：ln(CE) | | | 被解释变量：ln(PI) | | |
|---|---|---|---|---|---|---|
| | 模型<br>(4 – 43) | 模型<br>(4 – 44) | 模型<br>(4 – 45) | 模型<br>(4 – 46) | 模型<br>(4 – 47) | 模型<br>(4 – 48) |
| | 产业工业化 | 产业高级化 | 产业合理化 | 产业工业化 | 产业高级化 | 产业合理化 |
| LD | 0.0066 **<br>(2.23) | 0.0282 **<br>(2.02) | 0.0374 **<br>(1.96) | 0.0140 **<br>(1.86) | 0.0125 **<br>(2.25) | 0.0684 **<br>(2.09) |
| Indus | 0.0524 **<br>(2.42) | | | 0.4957 **<br>(2.22) | | |
| Indus_high | | – 0.4010 ***<br>( – 3.76) | | | – 0.0124 **<br>(2.07) | |
| Indus_ratio | | | – 0.0067<br>( – 0.79) | | | 0.0045<br>(0.22) |
| LD Indus | 0.0070 **<br>(2.25) | | | 0.0141 **<br>(2.29) | | |
| LD Indus_high | | 0.0105 **<br>(2.37) | | | 0.0780 **<br>(1.94) | |
| LD Indus_ratio | | | 0.0002<br>(0.19) | | | – 0.0064 **<br>( – 2.00) |
| 观测值 | 2176 | 1995 | 1814 | 2209 | 1795 | 1584 |
| 个体/时间效应 | 控制 | 控制 | 控制 | 控制 | 控制 | 控制 |
| 控制变量 | 控制 | 控制 | 控制 | 控制 | 控制 | 控制 |
| AR（1） | – 2.07<br>[ 0.039 ] | – 3.82<br>[ 0.000 ] | – 3.42<br>[ 0.001 ] | – 2.68<br>[ 0.007 ] | – 2.65<br>[ 0.008 ] | – 3.33<br>[ 0.001 ] |
| AR（2） | – 1.72<br>[ 0.086 ] | – 0.10<br>[ 0.917 ] | – 1.46<br>[ 0.146 ] | 1.43<br>[ 0.153 ] | 1.57<br>[ 0.115 ] | 1.34<br>[ 0.182 ] |
| Hansen J | 17.57<br>[ 0.129 ] | 11.30<br>[ 0.126 ] | 17.93<br>[ 0.118 ] | 12.61<br>[ 0.320 ] | 15.97<br>[ 0.193 ] | 19.43<br>[ 0.305 ] |

注：*** 表示通过了 1% 显著性检验，** 表示通过了 5% 显著性检验，* 表示通过了 10% 显著性检验。括号内为 t 值，[ ] 内为 P 值。由于篇幅限制，交互项系数不再列出，仅列出基于交互项系数分解的净效应。控制变量与表 4 – 3 一致。

基于表4–9，产业工业化（Indus）增加了污染排放，工业化水平每提升1个百分点分别提升碳排放和综合环境污染指数0.0524个和0.4957个百分点。工业部门特别是重工业部门是环境污染排放的主要部分，当前中国工业化发展仍然偏向于高污染高能耗企业是污染排放不断增加的原因之一。综合环境污染指标基于工业污染加权得到，因此其对于产业工业化水平的敏感程度要大于碳排放。土地资源错配与产业工业化的交互项净效应在5%的水平上显著为正，说明土地资源错配与产业工业化发展对环境污染起到了叠加作用。

产业高级化（Indus_high）测度了国民经济部门从第二产业向第三产业发展的趋势，其对碳排放和综合环境污染指数的影响在5%的水平上显著为负。产业高级化发展意味着地区逐渐摆脱依靠基础工业部门推动经济增长的路径，第三产业特别是服务业部门的发展起到了节能减排效应。土地资源错配与产业高级化交互项的净效应却显著为正，这就说明土地资源错配阻碍了产业高级化进程，并最终不利于节能减排。土地资源错配意味着商业和住宅用地价格偏离市场价值过高，而工业用地价格偏离市场价值过低，这就导致服务业发展的成本极大，工业部门反而获取低价补贴。土地资源错配是阻碍产业高级化的一个因素，产业高级化发展水平低限制了其节能减排效应。

产业结构合理化（Indus_ratio）的系数并未通过显著性检验，在忽略模型设定和数据选择偏误的情况下，可以认为产业结构合理化并不能直接作用于环境污染。土地资源错配与产业结构合理化的交互项对综合环境污染的影响显著为负，可能的原因是产业结构合理化极大地降低了地区由于片面发展工业部门而带来的产能过剩，通过降低产能过剩影响环境污染排放。

## 三、土地资源错配环境影响的区域策略性互动

根据前面分析，地方引资竞争是土地资源错配的原因之一，且土地资源错配表现出明显的空间相关性。基于此，考虑空间模型，研究土地资源

错配和环境污染的区域策略性互动，分别采用 SAR、SEM 和 SDM 模型对变量参数进行了估计，结果如表 4 – 10 所示。

根据表 4 – 10，以碳排放（ln($CE$)）和综合环境污染（ln($PI$)）为被解释变量进行估计，SAR、SEM 和 SDM 模型的空间参数 Spatial Rho 和 Spatial Lambda 值均介于 0 ~ 1 之间且通过了 1% 的显著性检验，说明碳排放和综合环境污染存在空间相关性。通过对 SAR 和 SEM 模型进行 LM 检验和稳健 LM 检验，结果显示 LM 检验和稳健 LM 检验均在 1% 的水平上拒绝原假设，因此，Elhorst 等（2013）认为此时应该采用 SDM 模型，SDM 模型是 SAR 模型和 SEM 模型的一般形式。且根据研究需要，SDM 模型可以对变量的空间溢出效应进行估计，因此以 SDM 模型作为空间分析的基准模型。

从土地资源错配（LD）的系数估计来看，SDM 模型估计结果显示土地资源错配对碳排放和综合环境污染的系数估计值分别是 0.0161 和 0.0044，通过了 5% 的显著性检验。说明在考虑空间效应存在的情况下，土地资源错配依然显著地增加了污染排放。

表 4 – 10　　　　土地资源错配策略性互动对环境污染的影响

| 变量 | 被解释变量：ln($CE$) | | | 被解释变量：ln($PI$) | | |
|---|---|---|---|---|---|---|
| | 模型 (4 – 49) | 模型 (4 – 50) | 模型 (4 – 51) | 模型 (4 – 52) | 模型 (4 – 53) | 模型 (4 – 54) |
| | SAR | SEM | SDM | SAR | SEM | SDM |
| LD | 0.0228 *** (3.18) | 0.0192 ** (2.45) | 0.0161 ** (2.19) | – 0.0019 ( – 0.70) | 0.0039 ** (2.28) | 0.0044 ** (2.43) |
| RD | 0.5342 ** (2.22) | 1.0865 * (1.85) | 0.4200 (0.55) | – 0.1122 ( – 1.17) | 0.0344 (0.12) | – 0.1321 ( – 0.46) |
| FDI | – 1.5464 ( – 1.50) | – 1.5794 ( – 1.45) | – 1.0039 ( – 0.88) | – 0.2719 ( – 0.68) | – 0.7127 * ( – 1.66) | 1.1062 ** (2.46) |
| DENS | – 0.0142 ( – 0.28) | – 0.0180 ( – 0.34) | 0.1529 *** (3.55) | 0.0040 (0.20) | 0.0007 (0.04) | – 0.0001 ( – 0.01) |

续表

| 变量 | 被解释变量：$\ln(CE)$ | | | 被解释变量：$\ln(PI)$ | | |
|---|---|---|---|---|---|---|
| | 模型<br>(4-49) | 模型<br>(4-50) | 模型<br>(4-51) | 模型<br>(4-52) | 模型<br>(4-53) | 模型<br>(4-54) |
| | SAR | SEM | SDM | SAR | SEM | SDM |
| Finance | 0.0830<br>(1.49) | 0.0970<br>(1.39) | 0.2346***<br>(4.00) | 0.0084<br>(0.39) | 0.0768***<br>(2.74) | -0.1002***<br>(-3.46) |
| ER | 0.0057<br>(1.29) | 0.0078*<br>(1.70) | 0.0158***<br>(3.45) | 0.0008<br>(0.49) | 0.0016<br>(0.89) | -0.0016<br>(-0.86) |
| Resource | 0.0240***<br>(4.65) | 0.0251***<br>(4.77) | 0.0083**<br>(2.08) | 0.0024<br>(1.17) | 0.0007<br>(0.34) | -0.0005<br>(-0.24) |
| Fiscal | -0.0192<br>(-1.23) | -0.0283*<br>(-1.70) | -0.0567***<br>(-3.40) | -0.0140**<br>(-2.28) | -0.0133**<br>(-2.04) | -0.0117*<br>(-1.75) |
| PGDP | 0.7079<br>(1.14) | 0.7318<br>(1.17) | 1.2574**<br>(2.20) | -0.1391<br>(-0.57) | -0.046<br>(-0.19) | 0.0191<br>(0.08) |
| $PGDP^2$ | -0.0135<br>(-0.40) | -0.0101<br>(-0.30) | -0.0125<br>(-0.41) | 0.0056<br>(0.42) | 0.0034<br>(0.26) | -0.0015<br>(-0.12) |
| 时间/个体固定 | 控制 | 控制 | 控制 | 控制 | 控制 | 控制 |
| W×因变量系数 | NO | YES | YES | NO | YES | YES |
| Spatial Rho | 0.6508***<br>(10.14) | — | 0.4617***<br>(4.40) | 0.8964***<br>(35.00) | — | 0.7153***<br>(11.59) |
| Spatial Lambda | — | 0.7497***<br>(13.07) | — | — | 0.9269***<br>(53.85) | — |
| $R^2$ | 0.3425 | 0.3612 | 0.5665 | 0.1901 | 0.1229 | 0.2959 |
| 观测值 | 3420 | 3420 | 3420 | 3420 | 3420 | 3420 |

注：*** 表示通过了1%显著性检验，** 表示通过了5%显著性检验，* 表示通过了10%显著性检验。括号内为t值。由于篇幅限制，"W×因变量"不再列示。LM检验和稳健LM检验均在1%的水平上拒绝原假设，不在列示。

　　基于SDM模型的估计结果，进一步将土地资源错配影响环境污染的空间效应进行分解，可以分解为直接效应、间接效应（溢出效应）和总效应。直接效应为变量对本地区环境污染水平的影响；间接效应也即是溢出效应，为变量对邻近地区环境污染的影响；总效应为直接效应与溢出效应之和。分解结果如表 4-11 所示。

表 4-11　　　　　　　土地资源错配策略性互动的空间效应分解

| 变量 | 被解释变量：$\ln(CE)$ | | | 被解释变量：$\ln(PI)$ | | |
|---|---|---|---|---|---|---|
| | 直接效应 | 溢出效应 | 总效应 | 直接效应 | 溢出效应 | 总效应 |
| LD | 0.0174 ** (2.30) | 0.3435 *** (3.87) | 0.3609 *** (4.07) | -0.0037 (-1.17) | 0.1513 ** (2.05) | 0.1476 ** (2.09) |
| RD | 0.3881 (0.53) | -0.2655 (-0.29) | 0.1226 (0.21) | -0.1407 (-0.51) | 0.8418 (1.48) | 0.7007 (1.44) |
| FDI | -0.8764 (-0.81) | 3.5184 (0.26) | 2.6420 (0.19) | 1.0685 ** (2.53) | -23.3553 * (-1.94) | -22.2868 * (-1.86) |
| DENS | 0.1531 *** (3.69) | 0.2145 (0.52) | 0.3676 (0.91) | -0.0031 (-0.16) | -0.7905 * (-1.81) | -0.7937 * (-1.81) |
| Finance | 0.2312 *** (4.14) | -1.1567 ** (-2.07) | -0.9255 * (-1.68) | -0.0996 *** (-3.61) | 0.1312 (0.28) | 0.0316 (0.07) |
| ER | 0.0160 *** (3.55) | -0.0241 (-0.42) | -0.0081 (-0.14) | -0.0017 (-0.92) | -0.0515 (-1.02) | -0.0532 (-1.05) |
| Resource | 0.0088 ** (2.09) | 0.1488 ** (2.02) | 0.1575 ** (2.14) | -0.0002 (-0.09) | 0.0764 (0.83) | 0.0762 (0.82) |
| Fiscal | -0.0564 *** (-3.54) | 0.2745 * (1.92) | 0.2180 (1.55) | 0.0113 * (1.78) | -0.0390 (-0.31) | -0.0277 (-0.22) |
| PGDP | 1.3291 ** (2.37) | 8.3228 *** (2.62) | 9.6519 *** (2.90) | -0.0138 (-0.06) | -15.2841 (-1.19) | -15.2979 (-1.18) |
| $PGDP^2$ | -0.0166 (-0.55) | -0.5410 *** (-2.78) | -0.5576 *** (-2.76) | 0.0002 (0.01) | 0.7848 (1.09) | 0.7850 (1.08) |

注：*** 表示通过了 1% 显著性检验，** 表示通过了 5% 显著性检验，* 表示通过了 10% 显著性检验。括号内为 t 值。

根据表4-11，土地资源错配对碳排放的直接效应为0.0174，通过了5%的显著性检验，说明土地资源错配导致了本地区环境污染水平的增加。对碳排放的溢出效应为0.3435，通过了1%的显著性检验，意味着碳排放不仅对本地区环境污染产生不利影响，还导致邻近地区环境污染的加剧。基于环境综合污染指数的研究可以得到一致的结论，土地资源错配对环境综合污染的直接效应不显著，但是溢出效应和总效应均显著。环境污染具有空间扩散的特征，本地区土地资源错配程度增加，大量的高污染企业集聚，导致了本地区生态环境的恶化，而环境的空间扩散将污染物扩散至邻近地区，导致了污染水平的转移。

## 第四节　本章小节

本章主要研究了土地资源错配对环境效率损失的影响。长期以来土地要素与环境污染的关系常常被忽略，多数研究从自然科学的角度对土地利用与环境污染的影响展开了讨论，但是经济学领域的讨论尚未形成体系。基于此，本章的主要工作包括：

首先，本章将土地作为要素资源纳入生产函数中。土地要素是企业生产中必不可少的要素投入，但是在生产函数中常常被忽略。特别是在企业投资活动中，由于资本总量的限制，企业需要在资本和土地要素之间进行取舍，因此假设土地要素和资本要素受到技术影响且能够相互替代。通过将环境污染和地方土地出让纳入到生产函数中，发现不同用途土地出让价格的差异造成了环境效率损失，而这一价格差异正是土地资源错配的来源。因此建立了土地资源错配与环境污染的影响。

其次，基于理论模型建立计量经济分析模型。选择估算了各地区的碳排放总量，并根据工业污染物排放构建了环境污染综合指标，从多个方面测度地方环境污染程度。通过系统GMM估计，在控制内生性的情况下发现土地资源错配导致了环境污染的加剧，这与理论模型的推导结果一致。

　　再次，讨论土地资源错配影响环境污染的路径和内在逻辑。通过构建调节效应模型，将资源依赖、环境规制、引资竞争和产业结构作为调节变量纳入模型。研究表明，资源依赖程度越高的地区，土地要素对环境污染的影响越明显。环境规制水平的提升在样本期内并未有效地促进环境污染的降低的，但是通过对土地资源错配形成外部约束达到了环境污染外部约束的作用。

　　最后，考虑土地资源错配的空间性，将模型扩展到空间面板模型，研究发现考虑空间策略互动的情况下，土地资源错配依然导致了环境污染的增加。由于环境治理的空间扩散特征，地方政府在土地资源错配和环境治理上表现出明显的"以邻为壑"现象。

# 第五章

# 土地资源错配对土地资源效率
# 和全要素生产率的影响

前面章节分析了土地资源错配的环境影响，然而仅能解释中国经济增长背后的生态环境问题。为了从土地资源角度对"中国经济增长之谜"进行解释，分析土地资源错配对资源配置和经济效率的影响，使用数据包络方法评价经济发展的全要素生产率。检验土地资源错配是否能带来全要素生产率的增长，分析土地要素资源错配的资源配置效应，从土地价格影响资源配置的角度分析全要素生产率增长的同时产出缺口不断扩大的原因。本章提出一种新的方向性距离函数求解方法，该方法能够对技术缺口、资源错配程度进行测度，在研究方法和视角上有所创新。

## 第一节　土地资源效率和全要素生产率的测度

### 一、土地资源错配影响全要素生产率的基本框架

为了实现区域经济增长，地方政府"以地引资"的产业发展方式带来

了产业的发展和集聚，产生规模经济效益。但是由于产业部门是被区域资源禀赋（包括土地价格）吸引而集聚，并非产业专业化协作带来的集聚，因此产业部门之间的分工协作较弱，不同企业各自生产带来了产能过剩问题，大量产业链中下游企业集聚导致对技术投入不足，挤占了技术投入成本。土地市场的"二元分割"使得商服用地和住宅用地价格远远高于工业用地价格，由此导致土地城镇化速度落后于人口城镇化，特别是部分地区在进行规划土地用途时，可能发生商服、住宅和工业用地比例失调等问题。大量的劳动人口被产业部门吸引，但是由于高昂的住宅和生活成本，收入差距的扩大，劳动资源错配效应明显。较高的房地产价格使得企业和外部资本大量涌入房地产市场，对本地区工业和产业投资带来挤出效应，造成了资本结构的错配。

　　因此，土地财政带来的土地资源错配虽然能够带来规模经济效益，但是也同样带来了技术、资本、劳动和土地要素的错配，进而影响全要素生产率。因此评估土地资源错配对全要素生产率的影响，可以对当前经济高速增长与结构性失衡并存的"中国式经济增长"进行解释。图 5-1 所示了土地资源错配通过资源错配进一步影响全要素生产率的基本路径。

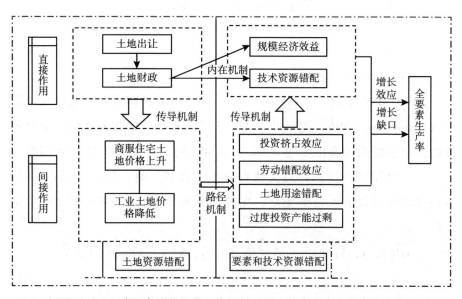

**图 5-1　土地要素价格扭曲、资源错配与全要素生产率的内在关系**

## 二、全要素生产率的测度方法

### 1. 生产可能集

根据生产函数，生产是一个要素投入并获取经济产出的过程。因此，对于 $N$ 个决策单元（decision making units，DMUs）而言，将要素投入集和定义为 $x = (1, 2, \cdots, i) \in R_i^+$；而产出分成两部分，一部分是经济活动的最终产品，是经济活动的目的，因此定义为期望产出（desirable output）$y = (1, 2, \cdots, r) \in R_r^+$，另外一部分则是生产互动的"副产品"。由于生产力局限导致的损失，如污染排放等是经济活动的非期望产出，定义为集合：$b = (1, 2, \cdots, p) \in R_p^+$。经济活动的投入和产出在满足可处置性的假设条件下，可以得到生产可能集：

$$P = \left\{ \begin{array}{c} (x_t, y_t, b_t) : \sum_{n=1}^{n} \lambda_j x_{ij} \leqslant x_i ; \sum_{n=1}^{n} \lambda_j y_{rj} \geqslant y_r ; \sum_{n=1}^{n} \lambda_j b_{pj} = b_p ; \\ \sum_{n=1}^{n} \lambda_k^t = 1, \lambda_k^t \geqslant 0, \ \forall i, p, r, j \end{array} \right\}$$

$$(5-1)$$

### 2. 方向性距离函数

方向性距离函数（directional distance function，DDF）首先由钱伯斯等（Chambers，1996）提出并首先用于经济和环境绩效的评估。但是传统的方向性距离函数由于是径向（radial）的，径向方向性距离函数的投入和产出同比例增加导致无法对效率值高估。而非径向（non-radial）方向性距离函数引入松弛变量，在包含非期望产出的 DEA 模型中应用广泛。

$$\overrightarrow{ND}(x, y, b : g) = sup \{ w^\mathrm{T} \beta : (x, y, b) + g \times diag(\beta) \in \widetilde{T} \}$$

$$(5-2)$$

式中，$w = (w_m^x, w_r^y, w_p^b)$ 表示对应的投入和产出变量的标准化权重矩阵；

$g = (g_m^x, \ g_r^y, \ -g_p^b) \neq 0$ 为方向向量，表示投入和产出向最优前沿面前进的方向；$\beta = (\beta_m^x, \ \beta_r^y, \ \beta_p^b) \geq 0$ 为比例因子向量，表示投入要素、产出和非期望产出的潜在提升空间。

方向性距离函数 $\overrightarrow{ND}(x, \ y, \ b: \ g)$ 可以根据每个决策单元的投入产出的线性规划进行计算，其基本公式为：

$$\overrightarrow{ND}(x, \ y, \ b: \ g) = \max \sum_{j=1}^m w_m^x \beta_m^x + \sum_{r=1}^s w_r^y \beta_i^x + \sum_{p=1}^h w_j^b \beta_j^b \qquad (5-3)$$

$$\text{s. t.} \ \sum_{j=1}^n \lambda_j x_{ij} \leq x_{i0} - \beta_i^x g_i^x$$

$$\sum_{j=1}^n \lambda_j y_{rj} \geq y_{r0} + \beta_r^y g_r^y$$

$$\sum_{j=1}^n \lambda_j b_{pj} \geq b_{p0} - \beta_p^b g_p^b$$

$$\beta_i^x, \ \beta_r^y, \ \beta_p^b \geq 0, \ j = 1, \ 2, \ \cdots, \ n$$

式中，$\overrightarrow{ND}(x, \ y, \ b: \ g) = 0$ 表示决策单元位于最有效率前沿，也即是经济效率达到了 100%。$\beta_i^x$、$\beta_r^y$ 和 $\beta_p^b$ 表示经济无效率（inefficiency）状态。然而此时的经济无效率与传统径向和非径向方向性距离函数得到的无效率值是有偏且不可比的（Li et al.，2020）。因此，为了得到无偏且可比较的经济效率，提出一种基于修正的非径向、非方向、包含松弛变量（slacks-based measurement，SBM）的方向性距离函数（NSBMDDF）（Sun et al.，2020）。其表达方式为：

$$\min \theta = \frac{1 - \dfrac{\dfrac{1}{m} \sum_{i=1}^m \beta_i^x g_i^x}{x_{i0}}}{1 + \dfrac{1}{s+h} \left( \sum_{r=1}^s \dfrac{\beta_r^y g_r^y}{y_{r0}} + \dfrac{\sum_{p=1}^h \beta_p^b g_p^b}{b_{p0}} \right)} \qquad (5-4)$$

$$\text{s. t.} \ \sum_{j=1}^n \lambda_j x_{ij} \leq x_{i0} - \beta_i^x g_i^x$$

$$\sum_{j=1}^n \lambda_j y_{rj} \geq y_{r0} + \beta_r^y g_r^y$$

$$\sum_{j=1}^{n} \lambda_j b_{pj} = b_{p0} - \beta_p^b g_p^b$$

$$\beta_i^x, \ \beta_r^y, \ \beta_p^b \geqslant 0, \ j = 1, \ 2, \ \cdots, \ n$$

式（5-4）将方向性距离函数与非径向、非方向性的松弛变量模型相结合，可以对投入和产出要素的冗余和不足进行测度，从而得到经济效率的一致性无效率值。令

$$\omega = \cfrac{1}{1 + \cfrac{1}{s+h}\left( \displaystyle\sum_{r=1}^{s} \cfrac{\beta_r^y g_r^y}{y_{r0}} + \cfrac{\displaystyle\sum_{p=1}^{h} \beta_p^b g_p^b}{b_{p0}} \right)} \qquad (5-5)$$

可以得到式（5-4）的线性规划模型：

$$\min \rho = \omega - \frac{1}{m} \sum_{i=1}^{m} \frac{\beta_i^{x'} g_i^x}{x_{i0}} \qquad (5-6)$$

$$\text{s. t. } \omega + \frac{1}{s+h} \left( \sum_{r=1}^{s} \beta_r^{y'} g_r^y / y_{r0} + \sum_{p=1}^{h} \beta_p^{b'} g_p^b / b_{p0} \right) = 1$$

$$\sum_{j=1}^{n} \lambda_j' x_{ij} \leqslant \omega x_{i0} - \beta_i^{x'} g_i^x$$

$$\sum_{j=1}^{n} \lambda_j' y_{rj} \geqslant \omega y_{r0} + \beta_r^{y'} g_r^y$$

$$\sum_{j=1}^{n} \lambda_j' b_{pj} = \omega b_{p0} - \beta_p^{b'} g_p^b$$

$$\beta_i^x, \ \beta_r^y, \ \beta_p^b \geqslant 0, \ \omega > 0, \ \lambda_j' > 0, \ j = 1, \ 2, \ \cdots, \ n$$

由于方向向量 $g = (g_m^x, \ g_r^y, \ -g_p^b) \neq 0$ 是未知的，为了计算方向向量，需要对每个决策单元在前沿面上的参考目标进行定义：

$$\begin{cases} x_i^* = x_{i0} - \beta_i^x g_i^x + S^x \\ y_r^* = y_{r0} + \beta_r^y g_r^y + S^y \\ b_p^* = b_{p0} - \beta_p^b g_p^b + S^b \end{cases} \qquad (5-7)$$

其中，$S = (S^x, \ S^y, \ S^b)$ 为决策单元的松弛变量，要得到式（5-7）的唯一解，需要令：

$$\frac{g_i^x}{x_{i0}} + \frac{g_r^x}{y_{r0}} + \frac{g_p^x}{b_{p0}} = i' + r' + b' \qquad (5-8)$$

因此，基于松弛变量可以得到经济效率以及方向性距离函数，投入和产出要素的计算方法如下：

投入要素无效率

$$\frac{x_{i0} - x_i^*}{x_{i0}} = \frac{\beta_i^x x_{i0} + S^x}{x_{i0}} = \beta_i^x + \frac{S^x}{x_{i0}} \qquad (5-9)$$

期望产出

$$\frac{y_{r0} - y_r^*}{y_{r0}} = \frac{\beta_r^y y_{i0} + S^y}{y_{r0}} = \beta_r^y + \frac{S^y}{y_{r0}} \qquad (5-10)$$

非期望产出

$$\frac{b_{p0} - b_p^*}{b_{p0}} = \frac{\beta_p^b b_{p0} + S^b}{b_{p0}} = \beta_p^b + \frac{S^b}{b_{p0}} \qquad (5-11)$$

3. 共同前沿（Meta-frontier）模型

吴（Oh，2010）参考了随机前沿分析方法对于前沿面的定义，将共同前沿与 DEA 模型相结合，定义了共同前沿和群组前沿的生产可能集，假设存在 $H$ 个群组，则第 $h(h=1，2，\cdots，H)$ 个群组的生产可能集可以定义为：

$$P_t^g(x) = \{(x_t^g，y_t^g，b_t^g)：x_t^g \text{ 能生产 }(y_t^g，b_t^g)\} \qquad (5-12)$$

生产可能集可以划分为全局生产可能集和群组生产可能集（Meng et al.，2021）。基于生产可能集依次定义共同前沿马尔奎斯特-卢恩伯格（meta-frontier malmquist-luenberger，MML）指数和群组前沿马尔奎斯特-卢恩伯格（group malmquist-luenberger，GML）指数，

$$ML_t^{t+1} = \left[ \begin{array}{c} \dfrac{1 + \vec{D}_0^t(x^t，y^t，z^t；y^t，-z^t)}{1 + \vec{D}_0^t(x^{t+1}，y^{t+1}，z^{t+1}；y^{t+1}，-z^{t+1})} \\ \times \dfrac{1 + \vec{D}_0^{t+1}(x^t，y^t，z^t；y^t，-z^t)}{1 + \vec{D}_0^t(x^{t+1}，y^{t+1}，z^{t+1}；y^{t+1}，-z^{t+1})} \end{array} \right]^{\frac{1}{2}} \qquad (5-13)$$

马尔奎斯特-卢恩伯格指数同时包含了 MML 和 GML，可以进一步分解为效率变化（efficiency change，EC）和技术变化（technology change，

TC），效率变化反映了 DMUs 效率的提升，而技术变化反映了两个时期效率前沿面的变化：

$$ML_t^{t+1} = EC_t^{t+1} \times TC_t^{t+1} \qquad (5-14)$$

$$EC_t^{t,t+1} = \frac{1 + \vec{D}_0^G(x^t, y^t, z^t; y^t, -z^t)}{1 + \vec{D}_0^G(x^{t+1}, y^{t+1}, z^{t+1}; y^{t+1}, -z^{t+1})} \qquad (5-15)$$

$$TC_t^{t+1} = \left[ \frac{1 + \vec{D}_0^{t+1}(x^t, y^t, z^t; y^t, -z^t)}{1 + \vec{D}_0^t(x^t, y^t, z^t; y^t, -z^t)} \times \frac{1 + \vec{D}_0^{t+1}(x^{t+1}, y^{t+1}, z^{t+1}; y^{t+1}, -z^{t+1})}{1 + \vec{D}_0^{t+1}(x^{t+1}, y^{t+1}, z^{t+1}; y^{t+1}, -z^{t+1})} \right]^{\frac{1}{2}}$$

$$(5-16)$$

由于 TC 衡量了技术变动，因此可以进一步划分为：

$$TC = IBTC \times OBTC \times MATC \qquad (5-17)$$

式中，IBTC 为投入导向的技术进步（input-biased technical change），衡量了要素投入技术改进对于技术进步的影响；OBTC 为产出导向的技术进步（output-biased technical change），测度了在投入要素不变的情况下，由于非期望产出减少或者期望产出增加导致了技术进步；MATC 为边际技术进步（magnitude of technical change），也即是哈罗德中学技术进步，指的是在投入要素和产出比例不变的情况下发生的技术进步。

由于群组前沿是 $H$ 个群组的共同前沿面，因此其效率值大于或者等于群组前沿效率值。因此共同技术比率（technological gap ratio，TGR）可以定义为：

$$0 < TGR = \frac{MML}{GML} \leqslant 1 \qquad (5-18)$$

TGR 越接近于 1 表示技术差距越小，也即是群组前沿和共同前沿的差距越小。相反，TGR 的值越小，则表示群组前沿距离共同前沿的距离越大，技术的异质性也就越大。王兵等（2020）将其定义为基数调整因子（technology adjust ment factor，TAF）。TGR 衡量了群组前沿与共同前沿的差距，虽然现有研究将这一差距定义为技术差距，但是实际上 TGR 仅能够表示群组前沿和共同前沿之间的技术异质性，无法衡量技术差距。因此，在共同前沿的基础上可以将 TGR 分解为两部分：技术无效率（technology gap inefficiency，TGI）和资源配置无效率（resource allocation inefficient，RAI）（Wang et al.，2018）。其中，TGI 衡量了共同前沿和群组前沿之间技术差距的无效率，造成技术无效率的原因在于技术水平的差距，可以表示为：

$$TGI = GML \times (1 - TGR) \qquad (5-19)$$

RAI 衡量了包括投入的不足或者冗余，导致的期望产出不足和非期望产出过多等带来的问题，RAI 产生的原因是要素资源配置的不合理。其公式可以表示为：

$$RAI = 1 - GML = \beta_0^h \qquad (5-20)$$

因此，全要素生产率的不足主要是由于技术无效率和资源配置无效率导致的，其表达式为：

$$MTI = TGI + RAI \qquad (5-21)$$

如图 5-2 所示，假设存在 3 个群组前沿，群组 1 的前沿面为 $M$ 到 $M'$，群组 2 的前沿面为图中 $N$ 到 $N'$，群组 3 的前沿面为图中 $P$ 到 $P'$。共同前沿面为各决策单元的最优边界，也即是图中 $M$ 到 $N'$ 的包络线。对于群组 3 中 $A$ 地区而言，其公共前沿效率和群组前沿效率分别为 $MML = \overline{OF}/\overline{OD}$ 和 $GML = \overline{OE}/\overline{OD}$，那么地区 A 的 $MTR$ 可以表示为：$MTR_A = \overline{OF}/\overline{OE}$。$TGI = GML(A) \times (1 - MTR(A)) = \overline{FE}/\overline{OD}$ 和 $RAI = 1 - GML = \overline{ED}/\overline{OD}$。那么：

$$TGR = TGI + RAI = \overline{FD}/\overline{OD} \qquad (5-22)$$

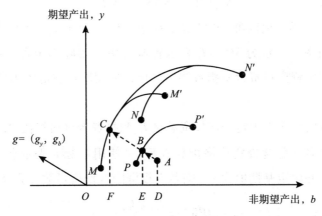

图 5-2　决策单元的共同前沿效率和群组前沿效率

ML 指数反映了全要素生产率（TFP）在两个时期内的变化，现有研究认为 ML 指数可以作为 TFP 增长率指标（Song et al.，2018；杜俊涛等，2017）。因此可以定义以 2006 年为基期，设定 2006 年全要素生产率水平为 1，其余年份依次将 ML 指数累乘得到各城市历年的全要素生产率。由于各地区土地要素价格的群组前沿到最优生产前沿仍有一段距离，因此实际全要素生产率和潜在全要素生产率之间的差额可以被定义为全要素生产率的无效率值（Cheng et al.，2020）。定义 ML 指数的无效率值（EI）和效率提升潜力（ESP）分别为（Chiu et al.，2012；Li et al.，2020）：

$$EI = TGI + SEI + MEI \qquad (5-23)$$

$$ESP = e \times EI = e \times (TGI + SEI + MEI) = TGP + SEP + MEP$$

$$(5-24)$$

式中，$SEP$ 和 $MEP$ 分别测度了技术提升潜力和要素配置提升潜力。

4. 投入和产出要素

为了测度各地区的全要素生产率及其各项分解指标，要素投入指标包括：资本要素、劳动要素和土地资源要素，产出指标为 GDP 总量，非期望产出为碳排放总量。

当前对于资本存量的计算主要是基于永续盘存法（perpetual inventory method，PIM），其基本计算公式为：

$$K_{i,t} = (1 - \delta_t) K_{i,t-1} + I_{i,t} \qquad (5-25)$$

其中，$K_{i,t}$ 为 $i$ 地区第 $t$ 年的资本存量，$K_{i,t-1}$ 表示上一期资本存量，$\delta_t$ 为资本折旧率，设定为 5%，$I_t$ 表示各城市历年实际固定资产投资总量。由于城市固定资产投资价格指数缺失严重，采用所在省份历年价格指数进行计算。

根据各城市名义固定资产投资总量 $I_{i,t}^n$ 和投资者价格指数 $Q$，可以计算得到各地区名义隐含投资价格指数 $IPW_{i,t}^n$，使用上标 $n$ 表示名义值，$r$ 表示实际值，并设定基期值为 1，则名义投资隐含价格指数计算公式为：

$$IPW_{i,t}^n = \frac{I_{i,t}^n \times Q_{i,t}}{I_{i,t-1}^n} \qquad (5-26)$$

从而，实际投资隐含价格指数为：

$$IPW_{i,t}^r = Q_{i,t}^n \times IPW_{i,t-1}^n \qquad (5-27)$$

因此，可以计算得到各城市的实际固定资产形成总额 $I_t$ 为：

$$I_{i,t} = \frac{I_{i,t}^n}{IPW_{i,t}^r} \qquad (5-28)$$

对于基期资本存量的方法主要包括增长率估计法、投资回溯法和资本产出法（杨轶波，2020；郑世林和杨梦俊，2020）。参考韩峰和柯善咨（2013）的做法，利用基期限额以上工业增加值（$Add_0^{Indus}$）与基期非农产业增加值（$Add_0^{NonAgric}$）之比等于基期工业资本存量（$K_{i,0}^{Indus}$）与基期社会资本存量（$K_{i,0}$）来表示：

$$\frac{Add_0^{Indus}}{Add_0^{NonAgric}} = \frac{K_{i,0}^{Indus}}{K_{i,0}} \qquad (5-29)$$

其中，限额以上工业增加值和非农产业增加值数据可公开查询，工业资本存量以基期各城市限额以上工业企业的流动资产和固定资产合计表示。一般认为基期选择的时间越长，基期取值对初始资本的影响就是越小（杨轶波，2020）。由于数据限制，选择 2000 年为基期。表 5－1 为投入产出要素的描述统计。

表 5－1　　　　　　　经济活动投入和产出要素的统计描述

| 变量 | 描述/单位 | 单位 | 观测值 | 均值 | 标准差 | 最小值 | 最大值 |
|---|---|---|---|---|---|---|---|
| 要素投入 | 劳动（Lobar） | 万人 | 3705 | 52.391 | 72.063 | 5.720 | 986.870 |
| | 资本存量（Capial） | 亿元 | 3705 | 3847.654 | 2598.127 | 367.723 | 17697.000 |
| | 建设用地（Land） | 万公顷 | 3705 | 130.754 | 57.850 | 11.615 | 2306.538 |
| 期望产出 | GDP | 亿元 | 3705 | 1468.135 | 799.4171 | 39.779 | 26626.000 |
| 非期望 | 碳排放（$CO_2$） | 万吨 | 3705 | 1175.230 | 799.411 | 8.4153 | 18767.611 |

## 三、技术和要素资源错配的测度

基于 NSBMDDF 方向性距离函数结合共同前沿模型，计算得到 2007～2018 年中国 285 个城市包含环境因素的全要素生产率（TFP）。图 5-3 为全要素生产率年份均值与年均增长率。可以看出，2007 年中国全要素生产率平均值为 1.05，此后基本保持增长的趋势，到 2018 年达到样本期内最大值 2.26，2018 年相对于 2007 年全要素生产率相对指标增长了超过 1.26 倍。从历年全要素生产率增长率的平均值来看，2007～2013 年基本呈现出增速放缓的趋势，在 2011 年和 2013 年全要素生产率一度降低到 −0.17% 和 −1.94%。2013 年以后，全要素生产率增速开始提升。并在 2016 年达到 15.75% 的增长，虽然 2017 年和 2018 年这两年全要素生产率增速再次降低，但是分别达到了 11.33% 和 6.94%，高于 2016 年以前。究其原因，2007～2015 年是中国经济高速发展时期，这一时期 GDP 高速增长的同时带来了环境污染问题恶化，导致全要素生产率虽然不断上升，但是增速却变化较大。2016 年以后，中国环境治理和生态文明建设取得进展，在经济稳步增长的同时，生态环境问题得到改善，出现全要素生产率相对指标和增长的同时增长。

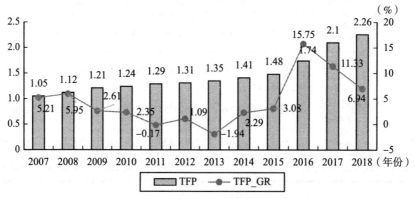

图 5-3　全要生产率（TFP）及其增长率（TFP_GR）均值

为了对全要素生产率的驱动因素进行分析，对 MML 指数进行分解，从共同前沿效率变化（MEC）和共同前沿技术进步（MTC）两方面进行分解，进一步将技术前沿变化分解为投入导向技术进步（MIBTC）、产出导向技术进步（MOBTC）和边际技术进步（MMATC）。其年份均值如表 5-2 所示。

**表 5-2　　　　　　　　全要素生产率增长的驱动因素分解**

| 年份 | MML | MEC | MTC | MIBTC | MOBTC | MMATC |
|---|---|---|---|---|---|---|
| 2006~2007 | 1.0521 | 1.0529 | 1.0010 | 1.0013 | 1.0060 | 0.9951 |
| 2007~2008 | 1.0595 | 1.0041 | 1.0595 | 1.0077 | 1.0018 | 1.0504 |
| 2008~2009 | 1.0261 | 0.997 | 1.0347 | 1.0120 | 1.0009 | 1.0232 |
| 2009~2010 | 1.0235 | 0.9765 | 1.0510 | 1.0139 | 1.0007 | 1.0376 |
| 2010~2011 | 0.9983 | 1.0864 | 0.9306 | 0.9996 | 1.0048 | 0.9281 |
| 2011~2012 | 1.0109 | 1.0025 | 1.0110 | 1.0048 | 1.0038 | 1.0035 |
| 2012~2013 | 0.9806 | 1.0871 | 0.9076 | 1.0065 | 1.0014 | 0.9020 |
| 2013~2014 | 1.0229 | 1.0043 | 1.0217 | 1.0066 | 0.9989 | 1.017 |
| 2014~2015 | 1.0308 | 0.9739 | 1.0619 | 1.0063 | 0.9881 | 1.0587 |
| 2015~2016 | 1.1575 | 1.0098 | 1.1500 | 1.0027 | 1.0230 | 1.1239 |
| 2016~2017 | 1.1133 | 0.9639 | 1.1672 | 1.0037 | 1.0130 | 1.1501 |
| 2017~2018 | 1.0694 | 1.0177 | 1.0526 | 1.0031 | 1.0017 | 1.0482 |
| 均值 | 1.0454 | 1.0147 | 1.0374 | 1.0057 | 1.0045 | 1.0281 |

根据表 5-2，MML 均值为 1.0454，增长大于 1，说明在样本期内全要素生产率呈现增长的趋势。从各年份 MML 指数及其分解来看，2010~2011 年和 2012~2013 年 MML 指数小于 1，原因可以归结为技术变化（MTC）速度的降低。因此，技术变化的 MML 指数增加的主要驱动因素，2008~2010 年、2014~2015 年以及 2016~2017 年虽然效率变化（MEC）

的速度小于1，但是 MTC 的增长抵消了效率变化带来的负面影响。从技术效率变化的分解来看，2010～2011 年 MTC 降低是由于投入导向技术进步（MIBTC）和边际技术进步（MMATC）的降低引起的；2012～2013 年边际技术进步的降低导致了 MTC 进步速度的下降。因此，对于各地区来说，视技术进步，特别是投入技术和边际技术进步是促进全要素生产率进步的关键。

MML 指数测度了各城市基于共同前沿的全要素生产率增长的相对指标，为了测度群组差异，将样本按照经济发展水平划分为东部、中部和西部三个群组，分别测度基于群组前沿的 ML 指数（GML），如图 5－4所示。

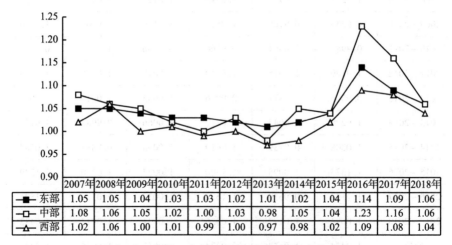

| | 2007年 | 2008年 | 2009年 | 2010年 | 2011年 | 2012年 | 2013年 | 2014年 | 2015年 | 2016年 | 2017年 | 2018年 |
|---|---|---|---|---|---|---|---|---|---|---|---|---|
| ■ 东部 | 1.05 | 1.05 | 1.04 | 1.03 | 1.03 | 1.02 | 1.01 | 1.02 | 1.04 | 1.14 | 1.09 | 1.06 |
| □ 中部 | 1.08 | 1.06 | 1.05 | 1.02 | 1.00 | 1.03 | 0.98 | 1.05 | 1.04 | 1.23 | 1.16 | 1.06 |
| △ 西部 | 1.02 | 1.06 | 1.00 | 1.01 | 0.99 | 1.00 | 0.97 | 0.98 | 1.02 | 1.09 | 1.08 | 1.04 |

图 5－4  东部、中部和西部 GML 指数变化趋势

根据图 5－4，可以看出各群组全要素生产率增长与共同前沿 ML 表现出一致的变化趋势，在 2007～2015 年增长速度逐渐下降，2015～2016 年增长态势明显，在 2016 年达到峰值以后继续下降。对比群组之间的差异不难发现，2007～2011 年，中部和东部的 GML 指数呈下降趋势但是其值 >1，说明东部和中部群组全要素生产率依然表现出增长的趋势，西部地区在

2009 年和 2011 年均 <1，全要素生产率出现了短暂的下降。2011～2015 年，东部、中部和西部的 GML 指数波动程度较大，西部地区全要素生产率下降的趋势更加明显；中部地区在 2013 年的 GML 值也降低到了 0.98，全要素生产率下降；东部地区全要素生产率的增长速度有所放缓，但是依然能够保持全要素生产率的增长。2016～2018 年东部、中部和西部的全要素生产率从峰值下降，中部地区的全要素生产率增长速度大于东部和西部地区。

东部地区经济发展水平较高，在经济增长和环境保护的双重约束下，基本能够维持全要素生产率的稳步增长。东部地区依靠东部地区的产业转移，城市化和工业化速度增加，全要素生产率的相对指标呈现出快速增长，GML 指数衡量了基于群组前沿的相对全要素生产率增长速度，因而虽然中部 GML 指数大于东部地区，但是由于基础相比较于东部依然较为薄弱，整体的全要素生产率水平要低于东部地区。而西部地区缺乏吸引产业的基础且生态环境脆弱，这就造成了西部地区无论是全要素生产率水平还是其增长率，都要低于东部和中部地区。

在 MML 指数和 GML 指数的基础上，分解得到全要素生产率进步的缺口，其基本趋势如图 5－5 所示。

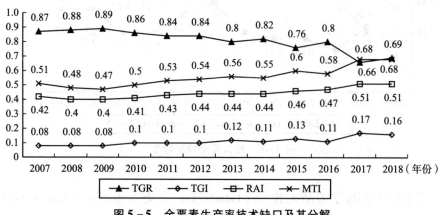

图 5－5 全要素生产率技术缺口及其分解

如图 5 - 5 所示，技术缺口比率（TGR）测度了各地区经济效率到群组前沿面与共同前沿面的距离，TGI 越接近于 1 表示技术缺口越小。2007年，技术缺口比率的值为 0.87，也即是经济效率实现了最优效率的 87%，此后这一比率不断下降，到 2017 年达到最低值 0.66，意味着在样本期内，虽然经济效率不断上升，但是经济效率的损失却越来越大，最低时仅实现了最优效率的 66%，尚有 34% 的效率损失。

从 TGR 的分解项来看，技术缺口的主要来源是技术错配导致的技术无效率（TGI）以及要素错配导致的要配置无效率（RAI），其中要素错配带来的技术缺口从 2007 年的 42% 增长到 2018 年的 51%，而技术资源错配导致的效率损失也从 8% 增加到 16%。在技术和要素资源无效率的影响下，TGR 和全要素生产率无效率（MTI）呈现扩大趋势，也即是实际全要素生产率与最优全要素生产率的缺口不断增加。进一步地，从投入要素角度进行分解，以测度要素错配的来源，如图 5 - 6 所示。

图 5 - 6　投入要素错配程度

图 5 - 6 测度了劳动无效率（Labour_Ine）、资本无效率（Capial_Ine）和建设用地土地无效率（Lanel_Ine）的程度，可以看出要素资源的错配

呈现出明显的阶段性特征。2007～2012 年为第一阶段，此时劳动要素无效率的程度在投入要素无效率中的程度高于资本和土地资源无效率程度。2007 年，由于劳动要素无效率带来的效率损失达到了 29%，且这一比例不断扩大，在 2010 年达到了 38%。资本错配程度在 2007～2008 年低于建设用地土地无效率，但是 2008 年以后要素无效率程度不断增大，在 2012 年达到了 35% 的效率损失。土地资源无效率程度在这一阶段虽然也呈现出增长的趋势，但是其带来的效率损失依然低于劳动和资本无效率损失。2007～2013 年是中国经济高速发展的阶段，东部地区经济的快速发展使得地区之间的经济差距不断扩大，人力资本与快速调整的产业结构不匹配、经济增长过度依赖资本投入，是造成劳动和资本的无效率程度快速增加的主要原因。

2013～2018 年为第二阶段，此时资本要素无效率程度最大达到了 42%，虽然在 2014～2018 年有所降低，但是对经济效率损失的影响远远高于劳动要素无效率和土地要素无效率。劳动要素无效率程度在 2013～2014 年快速下降以后趋于平稳，对经济效率损失影响的程度与土地要素无效率差距缩小，基本维持在 25%～29%。这一阶段中国经济增长速度放缓，东部产业结构优化升级、中西部承接东部产业转移的发展，使得东部、中部和西部之间的要素资源无效率矛盾得到了缓解。由于经济发展需求和生态环境保护需求，劳动密集型产业逐渐被资本密集型产业所替代，资本在经济发展中的作用增强，因此资本要素的无效率对经济效率的损失更加明显。劳动密集型产业的转型使得"人口红利"在经济发展中的作用逐渐减小，大量劳动人口对经济影响程度降低。另外，这一阶段房地产价格的提升使得劳动资源无效率与土地资源无效率程度关联性逐渐增强，二者对经济效率的损失开始逐渐趋于一致。

# 第二节 土地资源错配影响全要素
# 生产率的实证分析

## 一、模型设定

根据图 5-1，土地资源错配影响经济效率的基本路径，根据研究假设依次设定以下研究模型。

首先，以全要素生产率（TFP）作为被解释变量，设定土地资源错配对全要素生产率影响的基本模型：

$$TFP_{it} = \alpha_0 + \beta_1 LD_{it} + \beta_j Control_{it} + \varepsilon_{it} \qquad (5-30)$$

式中，$TFP_{it}$ 表示 285 个城市 2007~2018 年的全要素生产率水平，$LD_{it}$ 为土地资源错配程度。控制变量 $Control_{it}$ 的选择与第四章一致。

TFP 的测度是基于共同前沿 ML 指数，ML 指数表示了 TFP 的增长速度，MML 超过 1 则表示 TFP 在两个年度之间实现了增长，如果 ML 指数 < 1 则在两个年度之间 TFP 出现下降。因此设定测度土地资源错配对 TFP 增长率的影响：

$$MML_{it} = \alpha_0 + \beta_1 LD_{it} + \beta_j Control_{it} + \varepsilon_{it} \qquad (5-31)$$

$$MML\_G_{it} = \alpha_0 + \beta_1 LD_{it} + \beta_j Control_{it} + \varepsilon_{it} \qquad (5-32)$$

式中，$MML\_G_{it}$ 为虚拟变量，如果 MML 指数 $\geqslant 1$ 则 $MML\_G_{it} = 1$，否则 $MML\_G_{it} = 0$。式（5-31）为 Probit 模型，表示土地资源错配对 TFP 增长影响的概率问题。

进一步地，从资源配置的角度，分别设定土地资源错配影响技术资源错配（$Tech\_Mismatch$）和要素资源错配（$Factor\_Mismatch$）的模型：

$$Tech_{Mismatch_{it}} = \alpha_0 + \beta_1 LD_{it} + \beta_j Control_{it} + \varepsilon_{it} \qquad (5-33)$$

$$Factor_{Mismatch_{it}} = \alpha_0 + \beta_1 LD_{it} + \beta_j Control_{it} + \varepsilon_{it} \qquad (5-34)$$

技术资源错配（*Tech_Mismatch*）衡量了由于土地资源错配影响技术进步的方向所带来的效率增长或损失，包括技术缺口比例（TGR）、技术无效率（TGI）以及投入无效率（Input_ineff）和产出无效率（Output_ineff）。而要素资源错配则衡量了由于土地资源错配所导致的投入和产出要素资源配置的效率缺口，从劳动要素无效率（Labor_Mismatch）、资本要素无效率（Capitol_Mismatch）和土地要素无效率（Land_Mismatch）等维度进行估计。

根据假设条件，土地资源错配同时对全要素生产率、技术资源错配和要素资源无效率产生影响；同时，技术资源和要素资源是全要素生产率的重要驱动因素。为了进一步明确土地资源错配影响资源配置的后果，设定土地资源错配通过技术资源错配和要素资源无效率对全要素生产率影响的调节效应模型：

$$TFP_{it} = \alpha_0 + \beta_1 LD_{it} + \beta_2 LD \times Tech_{Mismatch_{it}} + \beta_j Control_{it} + \varepsilon_{it} \qquad (5-35)$$

$$TFP_{it} = \alpha_0 + \beta_1 LD_{it} + \beta_3 LD \times Factor_{Mismatch_{it}} + \beta_j Control_{it} + \varepsilon_{it} \qquad (5-36)$$

以上模型除式（5-32）的被解释变量 $MML\_G_{it}$ 为二值响应模型，需要使用线性概率 Probit 模型进行估计以外，其他模型的被解释变量基本基于共同前沿 ML 指数分解计算得到，因此其数据分布大于 0 时才能够被观测，也即是 $y_{it} = \begin{cases} y_{it}^*, & if \quad y_{it}^* \geqslant 0 \\ 0, & if \quad y_{it}^* < 0 \end{cases}$ ，因此属于截断回归，使用 Tobit 模型进行估计。

## 二、土地资源错配对全要素生产率的影响

表 5-3 为土地资源错配对全要素生产率及其相关指标的影响。模型（5-1）和模型（5-2）为 Tobit 模型估计得到的结果，模型（5-3）根据 MML 是否大于 1 设定二值响应模型，使用面板 Probit 模型进行估计。根据模型检验结果，Rho 值最小为 0.8273，说明个体效应的变化主要解释了土地资源错配对技术资源错配的变化。似然比检验（LR）拒绝"不存在个体效应"的原假设。因此使用 Tobit 模型和 Probit 模型估计得到的结果具有稳健性。

**表 5 - 3**　　　　　　　　　　土地资源错配对全要素生产率的影响

| 变量 | 模型（5 - 1） | 模型（5 - 2） | 模型（5 - 3） |
| --- | --- | --- | --- |
| | TFP | MML | MML_G |
| | Tobit | Tobit | Probit |
| LD | 0. 0821 ***<br>（10. 28） | - 0. 0002 **<br>（ - 2. 16） | - 0. 0042 ***<br>（ - 3. 30） |
| RD | 2. 2355 ***<br>（7. 30） | 0. 2035 ***<br>（3. 61） | 2. 5639 ***<br>（3. 52） |
| FDI | - 3. 4214 ***<br>（ - 2. 83） | 0. 0014<br>（0. 01） | - 0. 3272<br>（ - 0. 15） |
| DENS | 0. 0020<br>（0. 04） | 0. 0224 ***<br>（5. 15） | 0. 0501<br>（0. 97） |
| Finance | 0. 1793 ***<br>（3. 32） | - 0. 0026<br>（ - 0. 40） | 0. 0266<br>（0. 35） |
| ER | 0. 2220 ***<br>（9. 36） | 0. 0160 ***<br>（4. 46） | 0. 0654<br>（1. 52） |
| Resource | - 0. 0077 *<br>（ - 1. 85） | - 0. 0008 **<br>（ - 2. 04） | - 0. 0205 ***<br>（ - 4. 39） |
| Fiscal | 0. 0575 ***<br>（3. 22） | - 0. 0184 ***<br>（ - 8. 48） | - 0. 1084 ***<br>（ - 4. 24） |
| Pgdp | 0. 1665 ***<br>（3. 92） | 0. 0773 ***<br>（16. 16） | 0. 0015<br>（0. 03） |
| Rho | 0. 8453 | 0. 8995 | 0. 8273 |
| N | 2374 | 2374 | 2374 |
| LR 检验 | 950. 43 | 58. 02 | 77. 28 |

注：*** 表示通过了 1% 显著性检验，** 表示通过了 5% 显著性检验，* 表示通过了 10% 显著性检验。括号内为 t 值。

　　根据表 5 - 3，土地资源错配（LD）对全要素生产率（TFP）的系数估计为 0. 0821，在 1% 的水平上显著，意味着土地资源错配能够一定程度上提升各地区全要素生产率的水平。全要素生产率水平除要素投入以外，基本决定因素为 GDP 产出和环境污染。根据第四章的研究结果，土地资源错配导致了环境污染程度的增加，这说明土地资源错配主要通过带动地区 GDP 增长作用于全要素生产率水平的提升，GDP 增长带动的全要素生产率提升抵消了环境污染带来的全要素生产率的降低。

表 5 - 3 中模型（5 - 2）的估计结果显示，土地资源错配（LD）对全要素生产率增长率（MML）的系数估计为 - 0.002，通过了 5% 的显著性检验，说明土地资源错配是全要素生产率增速放缓的原因。模型（5 - 3）的系数在 1% 的水平上显著为负，说明土地资源错配越高，全要素生产率下降的概率也就越大。结合模型（5 - 1）~ 模型（5 - 3）不难发现，土地资源错配带来的全要素生产率增长是粗放不可持续的。

从控制变量来看，技术水平（RD）对全要素生产率、全要素生产率增长率和全要素生产率增长概率的影响均显著为正，科学技术是第一生产力，技术水平的提升对于提升全要素生产率水平具有积极作用。外商直接投资（FDI）对全要素生产率的影响在 1% 的水平上显著为负，说明当前中国外商直接投资结构不适应经济发展需要，地方政府大量吸引粗放型的外商资本无法产生技术扩散效应，不利于本地区发展。人口密度（DENS）在模型（5 - 2）中对全要素生产率增长率的影响在 1% 的水平上显著为正，人口集中客观上提供了大量的人力资本，因此对全要素生产率进步可能产生正面作用。金融发展水平（Finance）对全要素生产率的影响在 1% 的水平上显著为正，金融发展程度较高的地区能够为地区经济发展提供足够的资金支持，弥补投资不足带来的不利影响。环境规制（ER）对全要素生产率及其增长速度都具有正向影响，环境规制虽然增加了企业成本，但是也客观地促进了企业提高绿色生产技术，从而有利于全要素生产率水平的提升。资源依赖程度（Resourc）的系数显著为负，说明地区经济发展过程中存在"资源诅咒"，也即是资源丰富的地区其经济发展水平反而较低，资源依赖程度较高的地区支柱产业为资源相关产业，这类企业多数为高能耗高污染企业，对于地区绿色发展和高质量发展具有不利影响，需要摆脱自身资源依赖。财政分权程度（Fiscal）促进了全要素生产率的提升，但是对全要素生产率增长的影响显著为负，与土地资源错配对全要素生产率的影响方向基本一致。地区经济发展水平（Pgdp）与全要素生产力的发展密切相关，因此其系数方向具有一致性。

表 5 - 4 为基于群组前沿的分析，目的是研究土地资源错配对群组全要素生产率增长率（GML）及其提升概率（GML_G）影响的异质性。根据表 5 - 4，土地资源错配（LD）对东部、中部和西部全要素生产率增长率的影响均在 5% 的水平上显著为正。在对系数分布进行联合显著性检验，均在 1% 的水平上拒绝"系数相等"的原假设，系数大小具有可比性。可以看出土地资源错配对西部地区群组全要素生产率变化的影响最大，东部其次，中部最小。西部地区产业基础薄弱投资规模较小，土地是西部地区缺乏吸引产业重要资本。同时西部地区也是中国生态保护的重点地区，在土地供给上更多地偏向于生态和居住用地，商业和工业用地比例较小。西部地区扭曲土地要素价格吸引产业转移的规模要远远小于中部和东部地区，同时由于生态的脆弱性，其带来的环境损害远远高于东部和中部地区，导致土地资源错配对西部地区全要素生产率增长变化的影响程度较大。东部地区人口密集，城市化水平较高，土地供给与需求矛盾更加尖锐。由于东部地区产业基础完整，经济发展水平较高，因此扭曲地价带来的全要素生产率降低可以有效地被经济增长的效应所抵消。而中部地区生态承载力高于西部地区，产业潜力较大，也是国内产业转移的重点地区，土地资源错配带来的全要素生产率增减变化幅度相对较小。

表 5 - 4　　　　　　　　土地资源错配对群组效率的影响

| 变量 | 模型 (5 - 4) | 模型 (5 - 5) | 模型 (5 - 6) | 模型 (5 - 7) | 模型 (5 - 8) | 模型 (5 - 9) |
|---|---|---|---|---|---|---|
| | GML_ 东部 | GML_ 中部 | GML_ 西部 | GML_G_ 东部 | GML_G_ 中部 | GML_G_ 西部 |
| | Tobit | Tobit | Tobit | Probit | Probit | Probit |
| LD | - 0.0018 ** ( - 2.21) | - 0.0010 ** ( - 2.39) | - 0.0028 ** ( - 2.26) | - 0.0085 ** ( - 2.47) | - 0.0086 ** ( - 2.67) | - 0.0184 ** ( - 2.59) |

| 变量 | 模型<br>(5-4) | 模型<br>(5-5) | 模型<br>(5-6) | 模型<br>(5-7) | 模型<br>(5-8) | 模型<br>(5-9) |
| --- | --- | --- | --- | --- | --- | --- |
| | GML_<br>东部 | GML_<br>中部 | GML_<br>西部 | GML_G_<br>东部 | GML_G_<br>中部 | GML_G_<br>西部 |
| | Tobit | Tobit | Tobit | Probit | Probit | Probit |
| RD | 0.1114<br>(1.53) | 0.2426 **<br>(2.06) | 0.1084<br>(0.86) | 2.4284 **<br>(2.22) | 2.1698 *<br>(1.74) | 4.2127 **<br>(2.35) |
| FDI | -0.1551<br>(-0.65) | 0.3060<br>(0.78) | -1.3424 **<br>(-2.25) | -4.6421<br>(-1.60) | -2.2254<br>(-0.54) | 3.7366<br>(0.43) |
| DENS | 0.0329 ***<br>(3.04) | 0.0286 ***<br>(4.46) | 0.0452 ***<br>(5.67) | -0.0979<br>(-0.85) | 0.0549<br>(0.70) | 0.2248 *<br>(1.94) |
| Finance | 0.0128<br>(1.29) | -0.0087<br>(-0.62) | 0.0223 *<br>(1.76) | -0.0013<br>(-0.01) | 0.1507<br>(0.92) | 0.4222 **<br>(2.25) |
| ER | 0.0024<br>(0.48) | 0.0159 **<br>(2.06) | 0.0187 **<br>(2.42) | 0.1518 **<br>(2.42) | 0.0150<br>(0.19) | 0.0179<br>(0.17) |
| Resource | -0.0001<br>(-0.10) | -0.0013 **<br>(-2.20) | 0.0007<br>(0.64) | -0.0037<br>(-0.37) | -0.0310 ***<br>(-4.46) | 0.0112<br>(0.69) |
| Fiscal | 0.0345 ***<br>(5.76) | 0.0256 ***<br>(5.76) | 0.0068 **<br>(2.29) | -0.3553 ***<br>(-4.96) | -0.0525<br>(-1.05) | -0.1161 ***<br>(-2.94) |
| PGDP | 0.0810 ***<br>(9.05) | 0.0750 ***<br>(7.70) | 0.0612 ***<br>(7.39) | 0.0536<br>(0.54) | 0.0668<br>(0.63) | -0.1417<br>(-1.26) |
| Rho | 0.6114 | 0.5617 | 0.8293 | 0.6125 | 0.5540 | 0.5189 |
| N | 1029 | 923 | 422 | 1029 | 923 | 422 |
| LR 检验 | 64.65 | 7.23 | 13.01 | 12.43 | 36.87 | 11.12 |

注：*** 表示通过了 1% 显著性检验，** 表示通过了 5% 显著性检验，* 表示通过了 10% 显著性检验。括号内为 t 值。

### 三、土地资源错配对要素错配的影响

表5－5 测度了土地资源错配对技术资源错配的影响。其中，技术缺口比率（*TGR*）衡量了各地区全要素生产率到群组前沿的距离的比例，*TGR* 越接近1表示技术缺口越小，因此 *TGR* 为被接受变量是为 [0，1] 的受限因变量回归。*TGI* 和 *RAI* 为 *TGR* 的分解项，分别衡量了技术资源错配和要素资源错配；进一步将 *RAI* 分解为投入要素错配和产出要素错配。

表5－5　　　　　　　　　土地资源错配对技术错配的影响

| 变量 | 模型（5－10） | 模型（5－11） | 模型（5－12） | 模型（5－13） | 模型（5－14） |
|---|---|---|---|---|---|
| | *TGR* | *TGI* | *RAI* | 投入要素错配 | 产出要素错配 |
| | Tobit | Tobit | Tobit | Tobit | Tobit |
| *LD* | －0.0136 *** (－7.36) | 0.0196 *** (8.76) | 0.0215 *** (8.94) | 0.0013 ** (2.15) | －0.0171 ** (－2.16) |
| *RD* | 0.2145 *** (3.52) | －0.2142 *** (－3.02) | 0.1454 * (1.91) | －0.0437 (－0.63) | 0.9814 * (1.88) |
| *FDI* | 1.2562 *** (4.71) | －1.4898 *** (－4.92) | 1.4130 *** (4.34) | －0.0849 (－0.47) | 1.5669 (1.17) |
| *DENS* | 0.0193 (1.11) | 0.0601 *** (2.79) | －0.0312 (－1.41) | 0.0070 * (1.85) | 0.0538 * (1.95) |
| *Finance* | 0.0108 (0.88) | －0.0259 * (－1.82) | 0.0202 (1.32) | －0.0079 (－1.38) | －0.0320 (－0.76) |
| *ER* | 0.0087 * (1.74) | －0.0154 *** (－2.60) | 0.0184 *** (2.90) | －0.0060 (－1.64) | 0.1109 *** (4.09) |
| *Resource* | －0.0039 *** (－3.52) | 0.0043 *** (3.29) | －0.0032 ** (－2.35) | －0.0005 (－1.30) | 0.0039 (1.50) |
| *Fiscal* | 0.0017 (0.44) | 0.0083 * (1.82) | －0.0029 (－0.60) | 0.0038 * (1.82) | 0.0272 * (1.76) |

| 变量 | 模型（5-10） | 模型（5-11） | 模型（5-12） | 模型（5-13） | 模型（5-14） |
|---|---|---|---|---|---|
| | TGR | TGI | RAI | 投入要素错配 | 产出要素错配 |
| | Tobit | Tobit | Tobit | Tobit | Tobit |
| PGDP | 0.0548 *** <br> （4.23） | 0.0111 <br> （0.70） | 0.0734 *** <br> （4.43） | 0.0183 *** <br> （3.96） | -0.0421 <br> （-1.25） |
| Rho | 0.8472 | 0.8693 | 0.8548 | 7.5110 | 0.8642 |
| N | 2374 | 2374 | 2374 | 2374 | 2374 |
| LR 检验 | 3023.03 | 3017.62 | 2890.55 | 733.43 | 2123.45 |

注：*** 表示通过了 1% 显著性检验，** 表示通过了 5% 显著性检验，* 表示通过了 10% 显著性检验。括号内为 t 值。

根据表 5-5 的估计结果，可以看出土地资源错配（LD）对技术差距比率（TGR）的系数估计为 -0.0136，在 1% 的水平上显著，也即是土地资源错配增加了各地区群组前沿和共同前沿的距离，技术缺口变大。土地资源错配对技术资源错配导致的技术无效率（TGI）和资源配置无效率（RAI）的影响系数分别是 0.0196 和 0.0215，均在 1% 的水平上显著，说明资源错配导致的技术错配和要素错配是各地区技术差距比率扩大的主要原因。从土地资源错配对投入无效率和产出无效率的影响来看，其估计系数分别是 0.0013 和 -0.0171，也即是土地资源错配增加了投入无效率，但是却可以降低产出无效率。

土地资源错配程度的增加意味着更低的工业用地价格和更高的商业和住宅用地价格。企业获得了土地价格补贴，因此会吸引大量的企业进驻，但是"以地引资"导致了劳动或者资源密集型的产业占据地区经济的比重过大，虽然带来了 GDP 的短期增加，然而也带来重复投资导致的产能过剩问题，经济结构难以转型升级，污染排放的增加。另外，企业从工业用地获取的价格补贴被较高的商业和住房用地价格带来的成本增加所抵销，低地价并未带来企业成本的实质性降低，又由于产业结构的局限，缺乏技术革新的动力，大量的投入被用于短期收益高的技术，忽略风险大、收益周期长的前沿技术，导致了技术差距扩大。因此，土地资源错配影响了投入结构，导致技术投入和要素投入低效率，技术差距扩大、要素配置效率低下，最终损害了地区经济和社会福利，不利于经济社会的可持续发展。

因此，进一步从投入和产出无效率的角度，识别土地资源错配对投入和产出各要素资源的错配程度的影响，其估计结果如表5-6所示。

表5-6　　　　　　　　土地资源错配对要素错配的影响

| 变量 | 模型（5-15） | 模型（5-16） | 模型（5-17） | 模型（5-18） | 模型（5-19） |
| | Labour_Ine | Capit_Ine | Land_Ine | 期望产出错配 | 非期望产出错配 |
| | Tobit | Tobit | Tobit | Tobit | Tobit |
| LD | -0.0172 *** <br> (-4.89) | 0.0017 ** <br> (2.53) | 0.0129 *** <br> (5.41) | -0.0008 *** <br> (2.71) | 0.0273 ** <br> (2.23) |
| RD | 0.2872 ** <br> (2.27) | -0.0033 <br> (-0.03) | 0.0555 <br> (0.57) | 0.0805 * <br> (1.80) | 1.1011 <br> (1.47) |
| FDI | -0.6583 <br> (-1.31) | 1.7823 *** <br> (3.80) | -0.1893 <br> (-0.51) | 0.3091 * <br> (1.76) | -6.2506 ** <br> (-2.03) |
| DENS | 0.0390 <br> (1.37) | -0.0292 <br> (-1.16) | 0.0794 *** <br> (6.15) | 0.0243 *** <br> (2.89) | -0.3693 *** <br> (-3.36) |
| Finance | -0.0330 <br> (-1.34) | 0.0079 <br> (0.35) | 0.0325 ** <br> (2.15) | 0.0169 ** <br> (2.14) | 0.0613 <br> (0.62) |
| ER | 0.0029 <br> (0.28) | 0.0584 *** <br> (6.17) | 0.0367 *** <br> (5.06) | -0.0115 *** <br> (-3.25) | -0.0161 <br> (-0.32) |
| Resource | 0.0052 ** <br> (2.55) | 0.0016 <br> (0.86) | -0.0036 *** <br> (-3.24) | 0.0018 *** <br> (2.63) | -0.0090 <br> (-0.88) |
| Fiscal | -0.0191 ** <br> (-2.31) | -0.0478 *** <br> (-6.08) | -0.0168 *** <br> (-3.22) | -0.0028 <br> (-1.00) | -0.3071 *** <br> (-3.48) |

续表

| 变量 | 模型（5-15） | 模型（5-16） | 模型（5-17） | 模型（5-18） | 模型（5-19） |
|------|------|------|------|------|------|
| | *Labour_Ine* | *Capit_Ine* | *Land_Ine* | 期望产出错配 | 非期望产出错配 |
| | Tobit | Tobit | Tobit | Tobit | Tobit |
| PGDP | 0.0188<br>(0.84) | -0.0105<br>(-0.53) | -0.0374***<br>(-3.21) | 0.0031<br>(0.45) | 0.1319<br>(1.52) |
| N | 2374 | 2374 | 2374 | 2374 | 2374 |
| Rho | 0.7045 | 0.6746 | 0.6491 | 0.6323 | 0.7779 |
| LR 检验 | 1741.82 | 1612.25 | 545.83 | 1474.55 | 199.96 |

注：\*\*\* 表示通过了 1% 显著性检验，\*\* 表示通过了 5% 显著性检验，\* 表示通过了 10% 显著性检验。括号内为 t 值。

从要素投入的角度来看，土地资源错配降低了劳动要素无效率，增加了资本和土地要素无效率。土地作为一种生产要素，是城市化和工业化发展的基本投入。土地资源错配吸引了产业集聚，对于经济发展水平较低的地区而言，由于缺乏现代工业化所需的能源、区位等条件，难以引进资本促进地区发展，土地资源错配提供了吸引产业的良好条件。大量的企业集聚，城市化和工业化发展水平提升，带动了地区就业，形成人口"虹吸效应"，提升了人力资本的配置。由于依靠扭曲地价吸引的产业更多的是粗放型产业，特别是土地需求量较大的低端加工业和重工业部门，导致地区工业化形成低端集聚。由于地区缺乏配套的基础设施带来的重复投资和产能过程，导致资本配置效率较低。而一些地区片面引进工业化，导致工业化水平高于城镇化水平，形成"半城市化"现象，造成了土地资源的错配。

从产出的角度来看，土地资源错配降低了期望产出错配程度，同时增加了非期望产出的错配程度。结合前面的分析，土地资源错配是地方政府实现经济增长，特别是 GDP 增长的主要手段。土地资源错配的目的是实现短期 GDP 增长的最大化，因此降低了 GDP 产出的错配程度，带来地区经济的短期增长，虽然这一增长伴随着全要素生产率增速的放缓和技术缺口的增加。

# 第三节 本章小节

本章主要研究了土地资源错配、要素价格扭曲对于全要素生产率的影响，分析了土地资源错配对全要素生产率及其分解项的影响，研究表明土地资源错配虽然提升了全要素生产率，但是也导致其缺口逐渐扩大，并从技术要素、资本要素、劳动要素和土地要素层面分析了生产率缺口扩大的原因。

首先，提出了一种新的方向性距离函数，将非径向的 SBM 模型和 DDF 相结合提出新的求解方法，并与共同前沿 ML 指数相结合，对中国285 个城市的全要素生产率及其缺口进行了测度，进一步将全要素生产率的缺口分解为技术资源错配和要素配置错配，分别得到技术要素、劳动要素、资本要素和土地要素的错配程度。

其次，研究土地资源错配对全要素生产率的影响。通过 Tobit 模型回归，发现土地资源错配显著地促进了中国全要素生产率的提升。其基本原因是土地资源错配是地方政府发展经济、弥补财政缺口的重要政策工具，地方政府依靠扭曲土地价格来降低企业成本、鼓励企业投资、吸引产业转移，从而带来了经济的高速增长，这一增长效应抵消了环境污染带来的损失，使得全要素生产率呈现出增长的趋势。

这就意味着适度的扭曲土地要素价格对于全要素生产率的增长具有一定的促进作用，实现了"中国式经济增长"，但是随着土地资源错配程度的增加，其带来的资源错配效应也越来越大，对经济拉动作用逐渐降低，最终不利于经济的长期稳定发展。

# 第六章

# 土地资源错配的纠偏机制

　　根据既有研究结果，中国城镇土地利用过程中土地资源错配是客观存在，且对生态环境和经济效率带来了损失。在土地要素市场化改革过程中，减少政府对土地价格的人为干预，保障土地价格符合宏观经济发展和市场需求趋势，从而降低土地资源错配带来的效率损失，是当前要素市场改革需要解决的首要问题。纠正土地资源错配需要准确的识别土地资源错配的驱动因素，根据驱动因素进行有效治理。将机器学习方法引入到控制变量选择中，通过数据驱动的模型选择设定模型，并对驱动因素的相对重要性进行分析。在相对重要性分析的基础上，针对驱动因素提出解决土地资源错配的纠偏机制。并从行政手段和市场化手段两个层面，采用双重差分模型进行了政策效应的评估，以期为解决土地资源错配、促进土地资源市场化提供借鉴。

# 第一节  基于行政手段的纠偏工具：
# 自然资源离任审计制度

## 一、自然资源离任审计的制度背景

### （一）自然资源离任审计制度

在城市化发展过程中，许多国家都采取了措施对城镇土地资源进行管理，限制城市土地的扩张。对于城镇土地资源的管理政策可以划分为以下几类：第一类是命令和控制性工具，如城市增长边界（urban growth boundaries，UGB）、土地使用规划、绿化带（Dempsey and Plantinga，2013；Keil and Macdonald，2016）；第二类是市场化工具，主要体现为财政和税收政策，如征收土地资源税等措施（Anderson，2005）；第三类是信息化或者自愿型规制工具。长期以来，发达国家围绕以价格为中心的市场型规制手段进行自然资源的管理。然而，对于发展中国家而言，命令型和控制型规制制度仍然广泛存在（Albrizio et al.，2017；Tang et al.，2020）。就中国而言，以配额为导向的土地利用规划一直以来是土地资源管理的主要政策。《中华人民共和国土地管理法》规定，中国土地资源应该按照上级政府的规划进行配额和分区（Cai et al.，2009）。因此地方政府在土地出让过程中起到了决定性的影响，并能够对土地出让的对象和价格进行强有力的干预，这就使得市场规制手段对于政府行为的约束降低。地方政府对土地规划的遵守程度受到自身经济目标的约束，因此针对地方政府的外部约束成为中国土地要素市场建设面临的现实问题（杨晓和等，2017）。

当前针对土地出让和管理，中国建立了保护法律法规制度和土地利用规划等横向和纵向相结合的土地管理体制（汪冲，2019）。然而唐等

（2020）研究发现，现有的土地管理制度由于缺乏外部监管导致地方政府在土地出让中的垄断地位，造成了土地利用效率的低下。古等（Gu et al.，2015）研究认为，中国土地利用规划具有滞后性，无法预测地方经济发展的土地需求，造成了土地供给和需求的结构性矛盾。郁建兴和高翔（2012）则认为，地方政府缺乏外部约束是土地市场混乱的主要原因之一，因此需要建立地方政府土地管理的外部约束机制、监督机制和问责机制。也有学者认为地方政府面临的责任约束机制较弱以及缺乏公共物品供给的合理目标，使得地方政府改变土地出让形式和目的难以被发现，激励了地方政府干预土地市场；另外，地方政府官员的变动导致土地利用政策的连续性受到影响，导致土地资源错配的产生（Ng and Xu，2000；Zhu，2004）。因此，解决土地资源错配需要首先解决地方政府的外部约束机制，强化对于地方政府的土地利用规制，降低地方政府对土地价格的直接干预。

为了强化地方政府的外部监督机制，党的十八大颁布实施了《中共中央关于全面深化改革若干重大问题的决定》，提出"探索编制自然资源资产负债表，对领导干部实行自然资源资产离任审计，建立生态环境损害责任终身追究制"。从 2015 年起建立水资源、土地资源、森林资源和大气污染等资源环境领域的领导干部离任审计制度试点，其中针对土地资源管理和出让也被纳入到地方政府主要领导干部离任审计的内容。2016 年和 2017 年自然资源离任审计制度的试点地区不断扩展，2017 年《领导干部自然资源资产离任审计规定（试行）》的颁布标志着自然资源离任审计制度作为一项正式制度被确立起来，并在 2018 年进行了全国范围内的推广。在 2015 ~ 2017 年的试点过程中，对自然资源离任审计试点地区的 827 个项目以及 1210 位主要部门党政领导进行了离任审计。

党的十九大以来，习近平总书记多次强调要发挥审计在党和国家监督体系中的作用。领导干部自然资源离任审计制度，将土地资源的利用和保护纳入到地方政府的政绩考核机制和领导干部追责机制，是国家审计向资源与环境保护领域的扩展，将针对地方党政领导的国家审计从经济审计向经济审计和资源环境审计相结合的方向发展，进一步完善了地方党政领导考核机制（黄溶冰等，2019）。贯彻落实自然资源离任审计制度是国家监管体系的重要组成部分，可以有效地对地方政府不作为和腐败滋生的重点领域进行监管，因此针对自然资源领域的离任审计制度对于国家生态文明体系假设和国家治理体系建设具有重要作用（吕晓敏等，2020）。表6-1为领导干部自然资源资产离任审计的主要内容。

**表6-1**　　　　　**领导干部自然资源资产离任审计基本内容**

| 主要内容 | 具体措施 |
|---|---|
| 审计范围 | 土地资源、水资源、森林资源、能源、海洋资源、环境保护 |
| 审计对象 | 地级市和县级主要党委和政府部门领导 |
| 时间范围 | 领导干部任职期间，包括任中和离任两个时间点 |
| 基本内容 | （1）法律法规贯彻执行情况；<br>（2）资源和环境保护重大决策情况；<br>（3）资产管理和资金使用情况；<br>（4）保护监督责任履行情况 |
| 评价指标 | （1）自然资源存量；<br>（2）自然资源消耗；<br>（3）自然资源使用效率；<br>（4）自然资源极限值 |

资料来源：根据《开展领导干部自然资源资产离任审计试点方案》（2015）和《领导干部自然资源资产离任审计规定（试行）》（2017）整理。

## （二）自然资源离任审计制度影响土地出让的基本机制

图6-1展示了自然资源离任审计制度影响土地资源错配的基本机制。自然资源离任审计制度通过改变地方政府的责任考核机制，将土地资源的出让纳入到国家审计的范畴。在面临晋升压力、财政压力的情况下，地方政府在追求经济增长的目标受到土地以及其他自然资源管理的影响。基于这一思路，认为自然资源离任审计制度作为一种行政干预手段，能够影响土地资源错配程度。

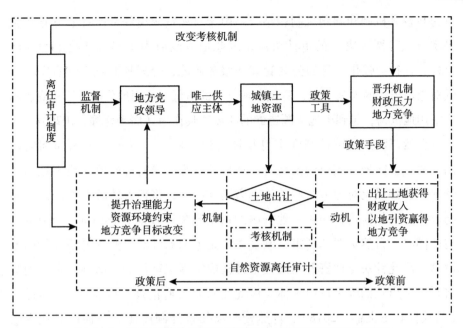

图6-1　自然资源离任审计制度影响土地资源错配路径机制

自然资源离任审计制度是一种针对自然资源管理和生态环境保护的行政手段，通过增强地方政府的外部约束，解决当前土地资源管理过程中非正式制度的不足，从党政干部政绩的角度来纠正土地出让过程中的不合理机制。这一政策在土地价格上的体现就是通过影响不同用途土地的出让，最终作用于地方土地资源错配，因此，可以作为土地价格的一种纠偏机制。

自然资源离任审计制度作为中国生态文明建设的重要组成部分，目的在于通过形成对地方政府的外部约束，强化其保护自然资源和生态环境的责任和意识，从而促进自然资源的集约节约利用。土地资源是自然资源离任审计制度的主要内容之一，在针对土地资源的离任审计过程中，主要针对农业用地、城镇建设用地和生态保护用地进行审计监察。由于土地资源相比于其他资源具有特殊性，因此土地消耗的量化指标界定十分重要，当前主要针对土地占用和出让的面积和价格进行审计，并区分人为因素和自然因素导致的土地质量下降和违反土地利用规划等，将地方政府对土地资源管理的行为与晋升机制和问题机制相结合。由于自然资源离任审计对地方党政领导实行"一票否决"的审计机制，因此地方政府为了实现其政治和经济目标，往往会强化自身的公共管理和服务职能，合理地配置土地资源，降低对土地出让的人为干预，避免出现过分的压低工业用地价格、干预商服和住宅用地价格，起到土地资源错配的纠偏工具作用（唐宇娣等，2020）。

自然资源离任审计制度本身是针对地方党政领导的一项纵向问题机制，通过披露地方政府的土地管理和出让行为，及时准确地反映土地出让情况，能够强化对地方政府的外部激励和约束，将地方政府土地出让行为与政治考核相挂钩，纠正土地资源的错配现象（Huang and Chan，2018）。与此同时，自然资源离任审计制度本质是上国家针对自然资源领域的国家治理，因此针对土地资源的离任审计构成了国家审计的一部分，考虑到政府是土地出让的唯一供应主体，因此能够对政府治理中政府进行"纠偏"（马轶群和王文仙，2018）。自然资源离任审计制度还是一种针对地方政府受托责任进行监督管理的机制，通过考核地方政府土地出让行为，降低中央政府和地方政府在土地出让等方面的信息不对称，使得地方政府在土地出让中增加维护社会公众利益的权重，因此其也成为当前中国提升资源利用效率，促进土地要素市场健康发展的重要治理内容（张路和龚刚，2020）。自然资源离任审计制度能够很大程度上避免地方政府为了吸引投资而压低工业用地价格、降低引资质量，避免政府在经济发展中的"短视"行为，改变"唯GDP"的政府考核机制，使得部分地区依靠吸引高污染高能耗企业集聚的发展模式受限。

## 二、模型设定和变量说明

自然资源离任审计制度作为一项顶层政治制度设计，由于是在2015～2017年逐步试点推广，而土地资源是自然资源离任审计的一项重要内容，因此认为：一方面，由于土地资源包含在自然资源离任审计试点之中，因此审计试点前后本地区土地出让的面积和价格受到影响，由此影响土地资源错配程度；另一方面，在同一时点上，开展自然资源离任审计的地区和没有进行自然资源离任审计的地区其土地资源错配程度也会存在较大的差异。为了对这一差异进行分析，在控制其他因素的情况下，采用双重差分模型（difference-in-differences，DID），以期分离自然资源离任审计对土地资源错配带来的影响。

　　双重差分模型作为一种"准自然实验"，通过将政策对象的事前差异纳入研究框架，将样本划分为处理组和对照组，进而将政策效应排除在内生框架，因此可以得到控制内生性以后的政策效应。在双重固定效应（two-way fixed effects）的基本框架下，标准的 DID 模型形式为：

$$Y_{it} = \beta_0 + \beta_1 Treat_i \times Post_i + \delta^T X_{it} + \alpha_i + \alpha_t + \varepsilon_{it} \qquad (6-1)$$

式中，$Treat_i$ 表示政策实行的地区，$Post_i$ 表示政策实行的实践，二者的交互项表示政策执行对于被解释变量 $Y_{it}$ 的因果效应。$\alpha_i$ 和 $\alpha_t$ 依然表示个体和时间固定效应。由于自然资源离任审计制度是逐步试点推广的，2015年，仅有 19 个城市作为试点地区，2016 年，进一步扩大到了 100 个试点地区，2017 年再次新增 62 个地区进行自然资源离任审计试点，至此全国一共有 162 个地区开展了自然资源离任审计（黄溶冰等，2019）。各地区开展离任审计试点的时间是不一致的，此时 DID 模型中使用 $Treat_i \times Post_i$ 作为政策干预变量，将会导致模型不符合平行趋势检验的基本前提条件，由此得到的估计系数也是有偏的。因此，结合数据特点，需要使用多时点DID（Time-varying DID）（也称渐进 DID 或者异时 DID，heterogeneous timing DID）。多时点 DID 的一般形式为：

$$Y_{it} = \beta_0 + \beta_1 Treat_{it} + \delta^T X_{it} + \alpha_i + \alpha_t + \varepsilon_{it} \qquad (6-2)$$

　　多时点 DID 使用随时间和个体变化的处理变量 $Treat_{it}$ 作为政策效应替换 $Treat_i \times Post_i$。结合研究对象特征，被解释变量为各地区土地资源错配程度（$LD_{it}$），而处理变量 $Audit_{it}$ 则是 $t$ 地区在第 $i$ 年是否是自然资源离任审计试点地区，是政策虚拟变量与年份虚拟变量的交互项，设定政策执行为 1 否则为 0。由于各地区实行离任审计开始的时间存在差异，因此，假设如果某地区上半年采用离任审计制度则视为本年采用离任审计制度，如果下半年实行则设定是下一年展开离任审计试点。因此，模型基本形式为：

$$LD_{it} = \beta_0 + \beta_1 Audit_{it} + \delta^T X_{it} + \alpha_i + \alpha_t + \varepsilon_{it} \qquad (6-3)$$

由于多时点 DID 平行趋势检验也与标准 DID 有所差异，为了评估自然资源离任审计制度的长期趋势，以及为平行趋势检验做准备，还定义了自然资源离任审计制度执行前三年（Pre_1，Pre_2 和 Pre_3）和后两年（Post_1，Post_2）的年度变量：

$$Land_{it} = \beta_0 + \beta_1 Audit_{it} + \beta_2 Pre_{iit} + \beta_3 Post_{iit} + \delta^T X_{it} + \alpha_i + \alpha_t + \varepsilon_{it} \qquad (6-4)$$

式中，$Pre_{iit}$ 和 $Post_{iit}$ 分别代表自然资源离任审计制度实行前第 $i$ 年或者实行后第 $i$ 年。进一步的，为了分析离任审计制度对地方政府土地出让影响的路径机制，在模型（1）的基础上引入中介效应变量 $M_{it}$，也即是：

$$M_{it} = \beta_0 + \beta_2 Audit_{it} + \delta_1^T X_{it} + \alpha_i + \alpha_t + \varepsilon_{it} \qquad (6-5)$$

$$Land_{it} = \beta_0 + \beta_3 Audit_{it} + \gamma M_{it} + \delta_2^T X_{it} + \alpha_i + \alpha_t + \varepsilon_{it} \qquad (6-6)$$

DID 模型的中介效应不同于一般模型，需要满足处理效应和中介变量 $M$ 不存在交互效应以及序列可忽略性（sequential ignorability）的研究假设。因此判断中介效应是否存在，需要对中介变量 $M$ 进行随机性检验（Alan et al.，2017）。在此基础上，使用系数差异法来判断模型是否存在因果中介效应，以及存在部分因果中介效应还是完全因果中介效应。如果式（6-3）、式（6-5）和式（6-6）满足 $\beta_1$ 和 $\beta_2$ 都显著，则关注 $\gamma$ 和 $\beta_3$：如果 $\gamma$ 显著但是 $\beta_3$ 不显著，则 $M$ 构成中介变量；如果 $\gamma$ 显著且 $\beta_3$ 显著，那么如果 $\beta_3 < \beta_1$，意味着 $M$ 至少部分地成为 $T$ 到 $Y$ 的中介变量。也即是当中介变量被控制以后，被解释变量和解释变量之间的相关性消失或者减弱（Kashdan et al.，2007）。

根据研究假设，自然资源离任审计制度不仅直接影响土地资源错配，还会通过地方政府的治理能力、地方竞争水平和环境规制等对土地资源错配产生影响。因此基于式（6-5）和式（6-6），中介变量 $M_{it}$ 主要包括三个变量：

（1）政府治理能力（Govern）。根据新制度经济学理论，政府治理能力或者称之为机构质量能够直接对地区社会经济发展产生影响。良好的治理能力和制度环境能够优化资源配置，减少腐败和寻租的空间，为社会经济发展提供一个相对较为公平的外部环境，从而能够优化资源配置、激发社会创新。然而政府的治理能力却缺乏统一的衡量标准，现有研究通常将政府稳定、法律条款、地区腐败程度或者民主制度等作为政府治理的代理变量（Oláh et al.，2020；郑展鹏和岳帅，2020）。周等（Zhou et al.，2021b）将政府治理划分为政治、法律和文化三个子维度构建综合指标进行测度。借鉴傅勇（2010）的做法，以财政负担的公职人员数量作为政府治理能力替代指标，具体而言首先计算百万财政收入的公职人员数，然后将指标正向化得到政府治理能力的代理变量。

（2）地方引资竞争（Competi）。土地资源错配的主要来源是"低价出让工业用地、抬高商业和主要用地价格"，而地方政府压低工业用地价格的主要原因是吸引投资。因此流动资本的竞争是地方政府关注的重点。外商直接投资（FDI）作为一种流动性较强且对地方土地价格和环境标准敏感的资本，能够很好地反映地方政府的竞争程度。因此以 FDI 占 GDP 的比重表示地方引资竞争程度。

（3）环境规制（ER）。自然资源离任审计制度不仅包含了针对土地资源在内的资源管理进行监察考核，生态环境治理也是自然资源离任审计制度的一个重要方面。对于各地区而言，提高环境治理标准的情况下，将会对高污染企业集聚的地区的土地需求产生影响，可能造成短期土地需求的下降，从而影响资源错配程度。以地方财政支出中节能环保投资占全部财政支出的比重代表环境规制强度。

对于控制变量，主要从社会经济发展的宏观层面和地方党政领导个人层面选择。首先，宏观经济层面主要包括：（1）地方经济发展水平（Pgdp），以按照价格进行平减的地区人均 GDP 的自然对数表示。（2）人口密度（Dens），反映地区人口的集中程度，以每平方公里人口数的对数化形式来衡量。（3）财政压力（Fiscal）是地方政府出让土地的主要驱动因素之一，以（财政预算支出－财政预算收入）/GDP 来衡量地区财政压力。
（4）金融发展程度（Finance）以金融机构存贷款余额占 GDP 比重表示，
金融发展程度较高的地区，地方政府可以通过"土地融资"获取财政收
入，因此可能会降低对于土地出让获取财政的依赖程度。（5）产业结构
（IS），以第二产业增加值占 GDP 比重表示，第二产业特别是工业部门是
地方引资的关键产业，占据了土地出让的绝大部分比例与土地出让关联密
切。（6）地方领导干部特征，主要包括：①地级市市长年龄；②受教育
程度（Edu），设定受教育程度的虚拟变量，如果地级市市长具有在职研
究生同等学力以上设定为 1，否则设定为 0；③性别因素（Gender），设定
男性为 1，女性为 0；④是否第一年任期（Tenure1）以及是否第五年任期
（Tenure5），中国干部任免的基本年限为 5 年，最长不超过 10 年，因此任
期第五年地方党政领导面临着即将开展审计的压力。考虑到由于领导干部
变动，实际上多数领导干部在年任期内基本被调动，且领导干部调动并不
是按照自然年份。在某一年份可能出现多位时长的情况，因此以本年度任
期最长的市场作为地方领导干部特征变量进行统计。表 6－2 反映了地方
党政领导干部层面控制变量的基本情况。

表 6－2　　　　　　　　　地方党政领导干部特征的统计描述

| 变量名 | 符号 | 样本量 | Dummy = 1 | Dummy = 0 |
|---|---|---|---|---|
| 审计试点 | *Audit* | 1988 | 254 | 1734 |
| 教育水平 | *Edu* | 1988 | 1051 | 937 |
| 性别 | *Gender* | 1988 | 1860 | 128 |
| 第一年任期 | *Tenure1* | 1988 | 665 | 1323 |
| 第五年任期 | *Tenure5* | 1988 | 118 | 1870 |

注：数据来源于作者整理，宏观经济控制变量参考前面，不再一一列出。

### 三、自然资源离任审计制度纠偏土地资源错配的结果讨论

#### （一）基准回归

表6-3为采用双固定效应模型对多时点DID模型进行回归估计的结果。其中模型（6-1）未加入控制变量。模型（6-2）和模型（6-3）依次从宏观经济特征和党政领导个人特征两个维度进行控制。模型（6-4）为加入全部控制变量得到的估计结果。

**表6-3　　　　　离任审计对土地资源错配影响的基本回归**

| 变量 | 模型（6-1） | 模型（6-2） | 模型（6-3） | 模型（6-4） |
| --- | --- | --- | --- | --- |
| | LD | LD | LD | LD |
| Audit | -0.2512*** (-3.10) | -0.7996*** (-7.96) | -1.1653*** (-12.53) | -0.7269*** (-7.21) |
| Age | | | -0.0492*** (-4.58) | -0.0344*** (-3.27) |
| Edu | | | -0.4150*** (-6.77) | -0.2714*** (-4.45) |
| Gender | | | 0.0041 (0.03) | 0.0827 (0.58) |
| Tenure1 | | | -0.0944 (-1.54) | -0.0256 (-0.43) |
| Tenure5 | | | -0.0895** (2.07) | -0.0966** (2.01) |
| lnPgdp | | 0.9331** (2.07) | | 0.9072** (2.01) |
| Dens | | 1.1769* (1.95) | | 0.9995* (1.67) |

| 变量 | 模型（6-1） | 模型（6-2） | 模型（6-3） | 模型（6-4） |
|---|---|---|---|---|
|  | LD | LD | LD | LD |
| ER |  | -4.2592 ***<br>（-7.71） |  | -3.9163 ***<br>（-7.08） |
| Fiscal |  | -0.0099<br>（-0.82） |  | -0.0080<br>（-0.66） |
| Finance |  | -0.9122 ***<br>（-4.67） |  | -0.7338 ***<br>（-3.73） |
| Constant | 5.4208 ***<br>（7.34） | -19.8352 ***<br>（-3.60） | -3.3833 ***<br>（-6.17） | -17.0376 ***<br>（-3.07） |
| Observations | 1995 | 1991 | 1995 | 1991 |
| Year/City FE | YES | YES | YES | YES |
| Adj-R$^2$ | 0.8942 | 0.8797 | 0.8732 | 0.8816 |

注：*** 表示通过了 1% 显著性检验，** 表示通过了 5% 显著性检验，* 表示通过了 10% 显著性检验。括号内为 t 值。

根据表 6-3 的估计结果，可以看出自然资源离任审计制度（Audit）在模型（6-1）和模型（6-4）的系数估计均显著为负。这就意味着，自然资源离任审计制度对土地资源错配具有明显的影响。对于试点地区而言，自然资源离任审计制度试点实行以后该地区的土地资源错配程度显著降低；对比非试点地区，试点地区的土地资源错配程度也有所降低。这就有力地说明了自然资源离任审计制度对土地资源错配具有明显的"纠偏"机制。

从宏观经济控制变量来看，地区经济发展水平（lnPgdp）的系数在5% 的水平上显著为正，说明经济发展水平越高的地区，土地资源错配程度越高。人口密度（Dens）在 10% 的水平上显著为正，但是没有通过 5% 的显著性检验。环境规制（ER）在 1% 的水平上显著地降低了土地资源错配程度，说明进行环境规制可以缓解土地资源错配带来的不利影响，特别是环境规制一定程度上限制了地区污染企业的排放，从而直接和间接地降低了土地资源错配带来的环境效率损失。金融发展水平（Finance）在1%的水平上显著为负。对于金融发展水平较高的地区而言，地方政府可以依靠"土地融资"来获取财政收入，政府部门土地作为信用抵押，大量出售未规划土地资源，透支未来土地出让收益，从而降低了当前阶段地方政府对于土地财政的依赖，影响了土地价格的错配程度。

（二）异质性分析

对于不同地区而言，自然资源离任审计制度的影响可能存在异质性，因此延续前面的分析方法，继续对样本进行子样本的异质性分析。但是本书除了将样本划分为东部和中西部、大中城市和非大中城市以外，增加了资源型城市和非资源型城市的子样本划分。土地资源是一种特殊的自然资源，地方政府推动"土地财政"导致资源错配的一个重要因素就是促进地区经济发展以及弥补财政缺口。但是其他资源在特定情况下可以替代土地资源的支撑。根据"资源诅咒"假说的理论，资源丰富的地区由于对资源之类"意外之财"的管理不善导致自然资源反而阻碍了地区经济发展，政府以出让资源获取财政收入降低了发展产业拉动经济的动力。因此，在自然资源离任审计制度下，针对土地资源的离任审计导致地区不能过度依赖"土地财政"，转而增加对于其他资源的依赖。即使其他资源也在自然资源离任审计制度的审计范围，但是分散的财政获取策略使得地方政府具有更多的灵活操作空间。因此，将这一子样本划分纳入研究。国务院公布了《全国资源型城市可持续发展规划（2013～2020）》划定了包含地级市、县级市和县区在内的262个资源型城市，根据地级市名单将样本划分为资源型城市和非资源型城市，非资源型城市可获取的"意外之财"概率明显降低，对于土地出让收入的依赖程度可能会更高。估计结果如表6-4所示。

表6-4 离任审计影响土地资源错配的异质性分析

| 变量 | 东部 模型（6-5） | 中西部 模型（6-6） | 大中城市 模型（6-7） | 非大中城市 模型（6-8） | 资源型城市 模型（6-9） | 非资源型城市 模型（6-10） |
|---|---|---|---|---|---|---|
| Audit | -0.7077 *** (-4.17) | -0.8210 *** (-5.72) | -1.0497 *** (-3.73) | -0.4940 *** (-5.23) | -0.3728 ** (-2.51) | -0.8669 *** (-6.44) |
| Age | -0.0113 (-0.72) | -0.0415 ** (-2.50) | -0.0518 * (-1.68) | -0.0271 *** (-2.83) | -0.0370 ** (-2.35) | -0.0282 ** (-2.04) |
| Edu | -0.3776 *** (-3.80) | -0.1548 * (-1.80) | -0.3910 ** (-2.09) | -0.2453 *** (-4.49) | -0.1767 ** (-2.04) | -0.3246 *** (-3.93) |
| Gender | 0.1587 (0.68) | -0.0767 (-0.37) | -0.3675 (-0.55) | 0.1042 (0.87) | 0.3963 ** (2.10) | -0.2046 (-0.99) |
| Tenure1 | -0.0474 (-0.49) | 0.0825 (1.00) | 0.1131 (0.63) | -0.0554 (-1.04) | 0.0004 (0.01) | -0.0436 (-0.55) |
| Tenure5 | -0.0024 (-0.01) | -0.0702 (-0.35) | 0.4405 (1.42) | -0.0613 (-0.51) | -0.0443 (-0.22) | 0.1335 (0.87) |
| Pgdp | -1.5222 * (-1.96) | 4.1367 *** (6.30) | -2.0846 (-1.41) | 2.0708 *** (5.07) | 3.2327 *** (5.34) | -0.7401 (-1.09) |
| Dens | 0.2472 (0.25) | 1.2453 (1.47) | 0.1787 (0.11) | 1.2901 ** (2.26) | 1.5882 * (1.81) | 0.5794 (0.72) |
| RD | -3.0865 *** (-3.39) | -4.3853 *** (-5.41) | -4.9572 *** (-2.64) | -4.0890 *** (-8.39) | -3.5277 *** (-4.57) | -4.3079 *** (-5.65) |
| Fiscal | -0.0510 ** (-2.22) | 0.0748 *** (3.90) | -0.0703 * (-1.67) | 0.0010 (0.09) | 0.0072 (0.43) | -0.0242 (-1.40) |
| Fanance | -1.0271 *** (-3.35) | -1.4163 *** (-4.27) | -0.9850 ** (-2.10) | -0.4427 ** (-2.22) | -0.1345 (-0.39) | -0.9534 *** (-3.94) |
| Constant | 8.1613 (0.81) | -46.6642 *** (-6.34) | 16.4411 (0.94) | -29.3009 *** (-5.81) | -41.3298 *** (-5.45) | 0.3601 (0.04) |
| Observations | 804 | 762 | 482 | 1509 | 782 | 1209 |
| Year/City FE | YES | YES | YES | YES | YES | YES |
| Adj-$R^2$ | 0.924 | 0.869 | 0.868 | 0.915 | 0.909 | 0.895 |
| 经验 P 值 | 0.000 | | 0.000 | | 0.000 | |

注：*** 表示通过了1%显著性检验，** 表示通过了5%显著性检验，* 表示通过了10%显著性检验，括号内为 t 值。

根据表6-4的估计结果，东部和中西部地区的自然资源离任审计制度对土地资源错配的系数均显著为负且通过了1%的显著性检验，这与基本回归的结果一致。在经验P值在1%水平上显著的情况下，东部地区自然资源离任审计制度的系数为-0.7077，小于中西部地区的-0.8210。中国土地供给基本实行"偏向中西部"的土地供应政策，因此中西部地区可支配土地的比例高于东部地区。为了吸引东部地区产业转移，中西部地区在缺乏劳动、资本等产业吸引要素的情况下，更加倾向于扭曲土地价格来吸引产业转移。而自然资源离任审计制度的实行，对中西部地区这一行为起到了遏制作用。土地资源错配的人为因素被纠正以后，中西部地区的土地价格更多地受到需求引致，相对而言资源错配程度有所降低。

对比大中城市和非大中城市，不难发现自然资源离任审计制度对大中城市的影响要大于非大中城市。《全国土地利用总体规划纲要（2006~2020年)》指出，为了平衡区域经济发展，需要控制超大城市和特大城市规模，大城市建设用地管理是城镇建设用地监管的重要内容。但是截至2019年中国超过500万人口的超大城市与特大城市仅10余座，这就意味着多数大中城市并不在中央土地供给控制计划中。余吉祥和沈坤荣（2019）研究发现，城市人口集聚水平的提升导致"城市规模厌恶"系数越小，大城市反而能够分配到更多的用地指标。实际上，对于大城市而言，省市两级政府有推动城市化通过扩大城市规模来增强地方竞争力的动机，大城市（特别是一、二线城市）土地供应面积加速，占据了新增建设用地一半以上的土地出让面积，中小城市土地供应面积低于大城市。另外，大中城市人口集中程度较高，市场需求影响土地供给，高房价推高了住宅用地价格，大中城市更加倾向于发展第三产业，将制造业中土地消耗较大的部门向周边城市转移，因此大中城市的土地资源错配高于中小城市。

从地区资源禀赋的角度来看，自然资源离任审计制度对非资源型城市的"纠偏"作用大于资源型城市。对于资源型城市而言，依靠资源出让获取"意外之财"来弥补财政收入相比较于出让土地资源更加具有吸引力。资源的出让具有广阔的市场，但是由于资源开采地区生态环境的破坏，导致人口和非矿产资源相关产业的吸引程度较低，土地资源错配程度要低于非资源型城市。另一方面，中央政府在执行自然资源离任审计制度时，对于不同资源禀赋地区的审计重点有所不同。资源型城市更多地关注地区本身具有的资源的开发，相对而言土地资源的审计重要性要低于其他自然资源。但是非资源型城市在其他资源有限的情况下，土地资源自然作为一种重要的内容进行审计，地方领导干部也更加重视对土地价格的"纠偏"。

（三）路径机制检验

自然资源离任审计制度审查的对象是土地资源的管理，并不对土地价格进行审计，因此对于土地资源错配的"纠偏"更多的是通过影响地方政府行为，降低地方政府对于土地市场的干预。因此在 DID 模型中引入因果中介效应模型，选取政府治理能力（Govern）、地方竞争（Competi）和环境治理（ER）为中介变量来反映自然资源离任审计制度通过政府行为对土地资源错配的影响。在满足中介变量随机性检验的前提下，表 6 - 5 得到因果中介效应模型的估计结果。

根据表 6 - 5，首先从政府治理能力来看，模型（6 - 11）的系数值为 0.5630，在 1% 的水平上显著，意味着自然资源离任审计制度提升了地方政府的治理能力。模型（6 - 12）的结果显示，加入治理能力以后，自然资源离任审计对土地资源错配的影响系数为 - 0.7068，通过了 1% 的显著性检验，小于表 6 - 3 中自然资源离任审计对土地资源错配系数 - 0.7269 的系数值。政府治理能力对土地资源错配的系数估计为 - 0.1071 在 1% 的水平上显著。自然资源离任审计制度是针对地方党政领导执行的一项政策，形成了对领导干部的约束机制，因此其治理能力得到显著提升。中介效应的结果显示，加入中介变量以后模型仍然显著，但是估计系数减小，意味着政府治理能力构成了离任审计与土地资源错配的部分中介关系。一方面，自然资源离任审计将土地出让纳入政府政绩考核，降低了地方政府通过"以地引资"发展经济的行为；另一方面，自然资源离任审计制度作为一项政府审计，提高了地方政府的行政领导能力，从而对于辖区公共物品的供给和服务更加高效，降低了对于土地价格的过度干预。

表 6 - 5　　　　　　　　　离任审计影响土地资源错配的中介机制

| 变量 | 治理能力 | | 地方竞争 | | 环境规制 | |
|---|---|---|---|---|---|---|
| | 模型 (6 - 11) | 模型 (6 - 12) | 模型 (6 - 13) | 模型 (6 - 14) | 模型 (6 - 15) | 模型 (6 - 16) |
| | Govern | LD | Competi | LD | ER | LD |
| Audit | 0. 5630 *** (3. 19) | - 0. 7068 *** ( - 3. 31) | - 0. 2432 ** ( - 2. 19) | - 0. 7038 *** ( - 3. 82) | 0. 0124 *** (5. 64) | - 0. 7179 *** ( - 3. 42) |
| Govern | | - 0. 1071 *** ( - 3. 55) | | | | |
| Competi | | | | 0. 2334 *** (4. 89) | | |
| ER | | | | | | - 2. 3520 *** ( - 2. 97) |
| Age | - 0. 0346 ** ( - 2. 26) | - 0. 0698 *** ( - 3. 41) | 0. 0204 ** (2. 12) | - 0. 0688 *** ( - 3. 36) | 0. 0015 *** (8. 07) | - 0. 0772 *** ( - 3. 70) |
| Edu | - 0. 8077 *** ( - 7. 49) | - 0. 1676 ( - 1. 14) | 0. 0706 (1. 04) | - 0. 2376 * ( - 1. 65) | - 0. 0011 ( - 0. 80) | - 0. 2516 * ( - 1. 73) |
| Gender | 0. 0728 (0. 34) | 0. 1885 (0. 66) | 0. 0108 (0. 08) | 0. 1988 (0. 70) | 0. 0038 (1. 43) | 0. 1874 (0. 65) |
| Tenure1 | 0. 0811 (0. 71) | - 0. 0784 ( - 0. 51) | 0. 1375 * (1. 92) | - 0. 0377 ( - 0. 25) | 0. 0020 (1. 41) | - 0. 0745 ( - 0. 49) |
| Tenure5 | - 0. 2341 ( - 1. 02) | - 0. 2234 ( - 0. 72) | 0. 4353 *** (3. 01) | - 0. 1469 ( - 0. 48) | 0. 0040 (1. 41) | - 0. 2580 ( - 0. 83) |
| Pgdp | - 1. 4569 *** ( - 8. 84) | - 0. 6449 ** ( - 2. 86) | 0. 6375 *** (6. 14) | 0. 6522 *** ( - 2. 39) | 0. 0188 *** (9. 14) | - 0. 8452 *** ( - 3. 73) |
| Dens | - 0. 0624 ( - 0. 85) | - 0. 3054 *** ( - 3. 11) | 0. 4149 *** (9. 00) | - 0. 2153 ** ( - 2. 15) | 0. 0043 *** (4. 63) | - 0. 3221 *** ( - 3. 25) |

续表

| 变量 | 治理能力 | | 地方竞争 | | 环境规制 | |
|---|---|---|---|---|---|---|
| | 模型<br>(6-11) | 模型<br>(6-12) | 模型<br>(6-13) | 模型<br>(6-14) | 模型<br>(6-15) | 模型<br>(6-16) |
| | *Govern* | *LD* | *Competi* | *LD* | *ER* | *LD* |
| *RD* | -2.4003 **<br>(-2.35) | -4.5873 ***<br>(-3.35) | -1.4867 **<br>(-2.31) | -5.1915 ***<br>(-3.80) | -0.0783 ***<br>(-6.14) | -4.6604 ***<br>(-3.36) |
| *Fiscal* | 0.2006 ***<br>(9.58) | 0.0096<br>(0.65) | -0.0204 ***<br>(-3.21) | 0.0263 *<br>(1.94) | -0.0006 ***<br>(-4.56) | 0.0324 **<br>(2.37) |
| *Finance* | -0.4209 ***<br>(-3.92) | -0.8528 ***<br>(-5.90) | 0.0984<br>(1.46) | -0.8750 ***<br>(-6.10) | -0.0014<br>(-1.05) | -0.8946 ***<br>(-6.20) |
| Constant | 18.855 ***<br>(10.70) | 5.6028 **<br>(2.30) | -7.4027 ***<br>(-6.67) | 5.8950 **<br>(2.47) | -0.2249 ***<br>(-10.23) | 8.1518 ***<br>(3.35) |
| Observations | 1991 | 1991 | 1991 | 1991 | 1991 | 1991 |
| Year/City FE | YES | YES | YES | YES | YES | YES |
| Adj-$R^2$ | 0.5588 | 0.1423 | 0.2027 | 0.1472 | 0.2829 | 0.1373 |

注: *** 表示通过了1%显著性检验, ** 表示通过了5%显著性检验, * 表示通过了10%显著性检验。括号内为t值。

从地方竞争的角度来看,自然资源离任审计制度对地方竞争的系数估计值为-0.2432,在5%的水平上显著,对土地资源错配的系数估计值为-0.7038,通过了1%的显著检验,其模型估计系数小于无中介变量的-0.7269。因此,自然资源离任审计制度降低了地方政府的竞争行为,在自然资源离任审计制度下,地方政府"以邻为壑"的经济增长模式受到制约,中介效应分析结果显示自然资源离任审计制度通过影响地方政府竞争,能够降低土地要素资源错配。

从环境规制的角度来看,根据表6-5的模型(6-15)和模型(6-16),自然资源离任审计制度提升了地方政府的环境规制水平,中介效应的系数也同样显著降低。自然资源离任审计不仅对土地资源、水资源等资源保护状态进行审计，还包括对地方环境治理绩效的审计。环境标准的提升对于以高污染高能耗产业为支柱的地区经济发展模式受到限制，大量的企业迁出，导致了土地需求的短暂降低，从而能够缓解其要素扭曲程度。

### （四）稳健性检验

#### 1. 平行趋势检验

双重差分模型的前提条件是政策的外生性，也即是如果存在其他影响土地资源错配的因素没有识别，那么对照组和处理组之间趋势是不会相同的。传统 DID 模型的检验只需要分析处理组和对照组之间的平行趋势即可，但是多时点 DID 由于各地区实行政策的时间存在差异。利用事件研究法验证平行趋势的存在。自然资源离任审计实行年份为 2015 年，并在 2016～2017 年逐步推广，因此，以 2015 年为基期，用各地区试点年份减去 2015 年，得到一组时间趋势虚拟变量。将时间趋势与自变量和协变量进行回归检验时间趋势的显著性，若政策发生前的交互项系数不显著，则表明的确有着平行趋势。平行趋势检验结果如图 6-2 所示。

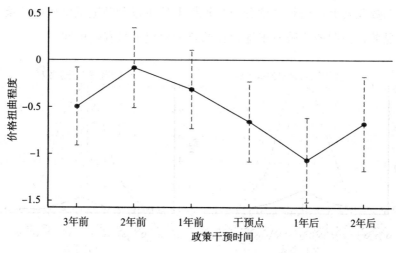

图 6-2　平行趋势检验

根据图6-2可以看出，自然资源离任审计制度之前，土地资源错配的系数在0附近且95%置信区间包含0，因此系数不显著。政策执行当年和政策执行后两年的系数显著。因此自然资源离任审计制度对土地资源错配的影响符合平行趋势检验，自然资源离任审计制度总体上降低了土地资源错配程度。

2. 安慰剂检验

由于多时点DID政策时间是渐进的，不同地区实施政策的时间不一致，因此在安慰剂检验（placebo test）中无法采用抽取固定数量样本作为实验组，因此通过替换处理组以及随机改变试点地区和试点时间来进行安慰剂检验：

（1）首先，随机生成政策时间，再次进行双重差分估计。也即是为样本期285个城市中每个城市随机抽取2011~2017年作为离任审计制度实施的时间。其次，图6-3中安慰剂检验a为从年份中随机抽取285个时间作为各地区离任审计制度的政策时间；安慰剂检验b则将样本按照城市进行分组，从每个城市组内的年份中随机抽取一个年份作为离任审计制度实施的时间。在进行1000抽样以后得到的自然资源离任审计制度政策效应系数及其P值的核密度分布，根据P值可以判断随机生成的政策效应多不显著，说明地方政府土地出让的政策效应不具有随机性。

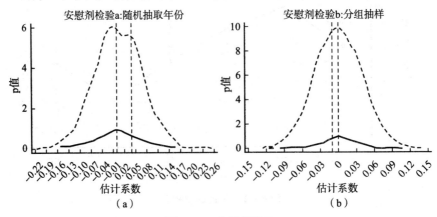

图6-3 安慰剂检验

（2）替换处理组：将自然资源离任审计制度试点地区与非试点地区进行调换，假设试点地区并没有实行自然资源离任审计制度。将 2015 ~ 2017 年执行离任审计制度的地区设定交互项 *Audit* 为 0，将 2011 ~ 2017 未执行离任审计制度的地区设定 2015 年为政策执行年份。将多时点 DID 转换为传统 DID。得到表 6 - 6 中模型（6 - 17）的实证结果，可以看出 *Audit* 系数无法通过显著性检验，因此虚拟自然资源离任审计制度并不能影响城镇土地资源错配程度。

表 6 - 6　　　　自然资源离任审计影响土地资源错配的稳健性检验

| 变量 | 模型（6 - 17） | 模型（6 - 18） | 模型（6 - 19） | 模型（6 - 20） |
|---|---|---|---|---|
| | 互换处理组 | PSM - DID | IV_2SLS | IV_LTZ |
| *Audit* | 0.0289<br>（I.07） | - 0.7580 ***<br>（3.28） | - 0.2383 **<br>（-2.19） | - 0.2381 **<br>（-2.30） |
| Observations | 1995 | 1463 | 1995 | 1995 |
| 控制变量 | 控制 | 控制 | 控制 | 控制 |
| Year/City FE | 控制 | 控制 | 控制 | 控制 |
| Adj – $R^2$ | 0.2423 | 0.1197 | 0.5935 | — |

注：*** 表示通过了 1% 显著性检验，** 表示通过了 5% 显著性检验，* 表示通过了 10% 显著性检验。括号内为 t 值，由于篇幅限制控制变量结果不再列示。

### 3. PSM – DID 检验

为了降低将自然资源离任审计制度直接作为虚拟变量带来的参数估计偏误，使用倾向得分匹配法（propensity score matching，PSM）进行对照组和处理组的邻近匹配，删除不满足观测条件的样本以后重新进行多期 DID 估计。可以看出表 6 - 6 中模型（6 - 18）的系数的方向和显著性并未发生明显改变，从而证明实证的稳健性。

### 4. 内生性检验

为了克服土地出让可能存在的内生性问题，选择城市行政审批中心审批数量作为工具变量（IV）。首先假设工具变量严格外生，使用两阶段最小二乘法（2SLS）进行估计，可以看出 Audit 的估计系数显著为负，Hansen J 检验显示不存在工具变量的过度识别问题。其次，由于工具变量的外生十分理想化，选择的工具变量可能存在一定程度上的内生性，因此越来越多的研究开始放松对于 IV 的设定。借鉴康利等（Conley et al.，2012）提出的"近乎外生"（plausibly or approximately exogenous）方法，将严格排他性约束替换为 IV 对于被解释变量的影响，根据参数的先验信息构造回归系数的置信区间以检验 IV 非外生是估计结果的稳健性，采用近似于零方法（LTZ）进行 IV 估计。结果如表 6-6 的模型（6-19）和模型（6-20）所示，自然资源离任审计制度对土地资源错配的系数显著为负，说明克服内生性以后结果的稳健性。

## 第二节 基于市场化手段的纠偏工具：土地资源跨区域交易与增减挂钩

### 一、制度背景

中国城镇化的发展快速发展，大量的农业用地被占用，耕地保护与城镇发展之间的矛盾突出（Huang et al.，2019）。同时建设用地内差异也比较大，不同省份、不同地区之间经济发展差距使得土地开发利用的状况存在较大差异，中西部地区后备土地资源相比较于东部地区丰富，但是产业发展水平较低，缺乏土地开发的资本；而东部地区后备土地枯竭，导致耕地大量被占用。因此除了统筹城乡土地利用，还需统筹城市之间的土地利用（Cao et al.，2020）。

为了实现土地资源的可持续利用，保持耕地和建设用地的总量均衡，中国建立了自上而下的土地利用规划体系和国土资源空间规划体系。土地规划制度在中国土地定额分配中发挥了重要作用，但是也显现出诸多的缺

陷（Zhang et al.，2014）。根据城市经济学理论，进行土地利用规制是将
人口和经济活动空间集聚的负外部性内部化的必要条件，能够纠正市场失
灵（Anderson，2005；Dempsey and Plantinga，2013；Han et al.，2020；
Keil and Macdonald，2016；Zhou et al.，2017）。当前中国一共实施了三轮
中央土地利用规划，但是都没有达到预期目标。1991～2000年的第一轮
土地规划和1997～2010的第二轮土地规划不仅没有能够阻止中国土地出
让的增加，反而滋生了严重的"土地财政"和"土地引资"现象，导致
了土地资源错配程度不断增加，偏离了土地市场价格。2006～2020年的第
三轮土地利用规划仅前7年，就已经将全部的规划土地出让，导致很多地方
没有多余土地可供出让，城市土地后备力量不足（Wang and Ye，2016）。
根据国外土地利用经验，由于土地规划制度缺乏动态调整机制，使得土地
规划无法提前预测经济发展的土地需求，地方政府不得不打破原来的土地
规划，而导致土地出让市场的混乱，极大地降低了土地利用效率（Spal-
ding et al.，2017；Thompson，2017）。而且土地规划缺乏对区域性差异的
考虑，各地区的产业和劳动专业化程度无法共享不同功能区用地，导致了
土地结构上的错配（Liu et al.，2019）。

　　2020年中央、国务院颁布实施的《关于构建更加完善的要素市场化
配置体制机制的意见》，在针对中国要素市场建设过程中土地要素流动问
题，指出为了促进土地要素市场配置，探索建立全国性的建设用地、补充
耕地指标跨区域交易机制。中国对耕地跨区域补偿进行了多方面的探索。
2004年，快速的工业化和城镇化发展使得建设用地面积无法满足需求的
情况下，国务院提出城镇和农村建设用地增加挂钩试点推广方案，但是该
方案的试点范围十分有限。2016年和2017年进一步推广了建设用地增加
挂钩战略，主要针对贫困地区的扶贫工作，允许增减指标的省内流动。随
着扶贫攻坚的深入发展和建设用地增加挂钩试点经验的积累，2018年
《跨省域补充耕地国家统筹管理办法》颁布，跨省耕地补充正式实施耕地
占补平衡地域由省内平衡向国家统筹转变；城乡建设用地增减挂钩的地
域，由县域内、省域内向跨省域调剂拓展，土地跨区域流动开始逐渐进行

试点推广。《关于构建更加完善的要素市场化配置体制机制的意见》进一步提出城乡建设用地指标使用应更多由省级政府负责，要探索建立全国性的建设用地、补充耕地指标跨区域交易机制。《2020 年新型城镇化建设和城乡发展融合重点任务》提出要推动建设用地资源向中心城市和重点城市群倾斜，分步实现城乡建设用地指标使用更多由省级政府负责，探索建立全国性的建设用地、补充耕地指标跨区域交易机制。取缔的跨区域交易极大地促进了用地配额的市场化进程，对于土地配额指标出让方来说，通过跨区域指标交易，把区域资金资源结合起来，用节余指标换取可观的转移支付，在确保耕地数量不减少、质量不降低的基础上，为实现土地增值收益提供了新途径。对于指标受让方来说，通过指标跨区域交易，向欠发达地区购买指标用于扩大建设用地规模，从而容纳不断增长的人口居住需求、产业发展需求和重点建设项目需求。图 6 - 4 展示了土地资源跨区域交易基本框架。

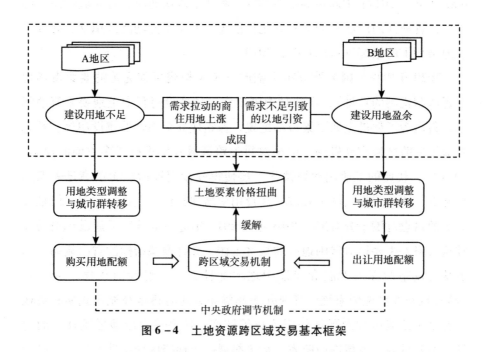

图 6 - 4　土地资源跨区域交易基本框架

## 二、模型构建

本书旨在研究全国统一大市场建设战略下，市场经济发展，地方壁垒被打破，由此带来对土地资源错配程度的影响，基准回归模型设定为：

$$LPD_{it} = \beta_0 + \beta_1 Market_{it} + \beta_j X_{jit} + \mu_i + \nu_t + \varepsilon_{it} \qquad (6-7)$$

式中，$LPD_{it}$ 为被解释变量，表示 $i$ 城市第 $t$ 年的土地资源错配程度，$Market_{it}$ 表示城市市场化水平，市场化水平越高，全国统一大市场的建设阻碍也就越少。为了尽可能地控制遗漏变量带来的估计偏误，选择可能影响土地资源错配的因素作为控制变量（$X_{it}$），$\beta_j$ 为控制变量的参数。$\beta_0$ 表示截距项，$u_i$ 表示控制个体异质性的截距项，用以捕捉个体效应对模型的影响，$\nu_t$ 为控制时间异质性的截距项。$\varepsilon_{it}$ 为满足经典计量假设的随机误差项。

考虑被解释变量和解释变量之间存在的内生性关系，引入外生工具变量（IV），使用两阶段最小二乘法（TSLS）展开进一步分析（Martens et al.，2006）。其中第二阶段模型形式设定为：

$$Market_{it} = \alpha_0 + \alpha_1 IV_{it} + \beta_j X_{jit} + \mu_i + \nu_t + \xi_{it} \qquad (6-8)$$

工具变量能够处理内生性问题需要满足三个基本假设：首先，工具变量应该与数字经济相关，也即是公式（6-8）满足 $\mathrm{Cov}(IV_{it}, Market_{it}) \neq 0$；其次，$IV_{it}$ 与随机扰动项 $\xi_{it}$ 不相关（$\mathrm{Cov}(IV_{it}, \xi_{it}) = 0$）；最后，工具变量对 $LDP_{it}$ 的影响仅能通过 $Market_{it}$ 产生作用。

## 三、全国统一大市场的土地资源错配纠偏机制

### 1. 基准回归

基准回归结果如表 6-7 所示。被解释变量为土地资源错配程度，解释变量为市场化程度。模型（6-21）仅加入市场化指标。模型（6-22）加入控制变量。模型（6-23）和模型（6-24）分别使用固定效应

（FE）和随机效应（RE）估计。可以看出，市场化指数的系数始终为负，且均通过了 1% 的显著性检验。F 检验和 Hausman 检验分别为 6.04 和 30.10，在 1% 的水平上拒绝原假设。这意味着固定效应模型更加合理，也即以模型（6-24）的结果作为基准回归的结果进行解释。市场化每增加 1%，能够降低土地资源错配 4.06 个百分点，市场化能够有效缓解区域土地资源错配。全国统一大市场的建设，打破了要素壁垒，市场竞争能够充分的发挥作用，能够避免政府压低工业用地价格而抬升商住用地价格的寻租行为。

表 6-7                                     基准回归

| 变量 | 模型（6-21） | 模型（6-22） | 模型（6-23） | 模型（6-24） |
|------|------------|------------|------------|------------|
|      | POLS | POLS | FE | RE |
|      | *LPD* | *LPD* | *LPD* | *LPD* |
| *Market* | -0.0277 *** <br>(-6.36) | -0.0185 *** <br>(-4.31) | -0.0304 *** <br>(-9.32) | -0.0406 *** <br>(-8.26) |
| *RD* |  | -0.1338 <br>(-1.34) | 0.0552 <br>(0.47) | 0.1128 <br>(0.94) |
| *FDI* |  | -0.0814 <br>(-0.15) | 0.0878 <br>(0.19) | 0.0366 <br>(0.07) |
| *DENS* |  | -0.1171 *** <br>(-5.84) | -0.1163 *** <br>(-7.61) | -0.0486 <br>(-0.68) |
| *Finance* |  | -0.0696 *** <br>(-2.65) | -0.0374 * <br>(-1.70) | 0.0319 <br>(0.86) |
| *Consumption* |  | 0.2448 * <br>(1.91) | 0.1480 <br>(1.29) | 0.0669 <br>(0.37) |
| *Resource* |  | 0.0065 *** <br>(3.93) | 0.0053 *** <br>(4.19) | 0.0007 <br>(0.27) |
| *GOV* |  | 0.0168 <br>(1.51) | 0.0101 <br>(1.53) | 0.0076 <br>(0.98) |

| 变量 | 模型（6-21） | 模型（6-22） | 模型（6-23） | 模型（6-24） |
|---|---|---|---|---|
| | *POLS* | *POLS* | *FE* | *RE* |
| | *LPD* | *LPD* | *LPD* | *LPD* |
| *PGDP* | | 0.0539<br>（1.63） | 0.0234<br>（0.85） | 0.0261<br>（0.38） |
| Constant | 0.7377 ***<br>（15.25） | 0.7528 **<br>（2.33） | 1.1569 ***<br>（4.45） | 0.8197<br>（1.12） |
| Observations | 3420 | 3415 | 3415 | 3415 |
| $R^2$ | 0.033 | 0.156 | | 0.051 |
| F Test | | | 6.04 [0.000] | |
| Hausman | | | | 30.10 [0.000] |
| Number of id | | | 285 | 285 |

注：*** 表示通过了 1% 显著性检验，** 表示通过了 5% 显著性检验，* 表示通过了 10% 显著性检验。括号内为 t 值。以上变量含义见表 6-6。

### 2. 内生性检验

模型的内生性主要来源于两方面：互为因果和遗漏变量。市场化程度越高，市场竞争状态也就越完善，能够有效地缓解土地要素的价格扭曲程度。反过来，土地资源错配程度较低，可以影响其他要素，促进劳动、资本和能源等要素市场的发展，从而有利于统一大市场的建设。此外，市场化和土地资源错配之间还可能受到其他一些非观测因素的影响，遗漏关键变量。虽然本书使用面板数据，同时加入了固定效应和控制变量，降低了遗漏变量的可能性，但是内生性问题仍然需要进一步检验。一个合适的工具变量不仅要与内生变量相关，还必须满足外生性条件，也即是工具变量与内生解释变量相关而与扰动性不相关。通常而言，内生变量的滞后项或者相对固定的地理或历史等变量较好地满足外生性条件。

本书使用港口距离（*Port*）和地形坡度（*Slope*）作为工具变量。首先，港口距离以城市行政中心到沿海港口的最近距离表示。中国的改革开放以沿海口岸为开端，从沿海逐步向内陆发展。市场化改革与中国改革开放的步伐一致，也呈现出从沿海到内陆的变化特征。虽然东部沿海经济发展水平较高，带来了土地价格的升高，但与土地资源错配程度相关性并不高。其次，地形坡度（Slope）是一个地理因素，不受其他经济因素的干扰。平缓的地形有利于人员和物资集散，形成了早期的经济中心和人类聚集地，推动了贸易市场化的发展。坡度较大的地区，对于住宅、工业和商业等不同类型的土地具有相同的开发难度。甚至于，西部地区坡度较大，商住用地的价格差距反而小于地形平缓的东部地区。考虑港口距离（Port）和地形坡度（Slope）是不随时间变化的常数，因此利用将其与各时间虚拟变量的乘积作为工具变量组进行 TSLS 回归。结果如表 6 - 8 所示。

表 6 - 8　　　　　　　　　　内生性检验

| 变量 | 模型（6 - 25）第一阶段 Market | 模型（6 - 26）第二阶段 LPD | 模型（6 - 27）第一阶段 Market | 模型（6 - 28）第二阶段 LPD |
|---|---|---|---|---|
| Temple | | | | |
| Port | − 0. 1317 *** （ − 10. 02） | | | |
| Slope | | | − 0. 1491 *** （ − 10. 20） | |
| Market | | 0. 7252 *** （6. 03） | | 0. 4261 *** （3. 71） |
| RD | 3. 6839 *** （6. 49） | 0. 6970 （0. 85） | 3. 8642 *** （6. 93） | 2. 0540 *** （2. 65） |
| FDI | − 24. 0099 *** （ − 8. 71） | 0. 0367 （0. 01） | − 23. 2177 *** （ − 8. 49） | − 7. 2117 * （ − 1. 81） |
| DENS | 0. 7617 *** （1. 82） | 0. 6121 （1. 17） | 0. 7597 *** （2. 81） | 0. 8149 （1. 60） |

续表

| 变量 | 模型（6-25） | 模型（6-26） | 模型（6-27） | 模型（6-28） |
|------|------|------|------|------|
| | 第一阶段 | 第二阶段 | 第一阶段 | 第二阶段 |
| | *Market* | *LPD* | *Market* | *LPD* |
| *Finance* | 1.8553*** (10.25) | -0.1681 (-0.57) | 1.8868*** (10.49) | 0.3897 (1.37) |
| *Consumption* | 16.9238*** (20.40) | -2.9907 (-1.34) | 16.5187*** (19.70) | 2.2242 (1.01) |
| *Resource* | -0.1002*** (-8.76) | -0.0222 (-1.31) | -0.0992*** (-8.47) | -0.0538*** (-3.15) |
| *GOV* | -0.0249 (-0.81) | -0.0388 (-1.50) | -0.0307 (-0.98) | -0.0454* (-1.82) |
| *PGDP* | 7.8623*** (26.16) | -1.0002 (-1.03) | 7.7983 (25.82) | 1.3906 (1.42) |
| Sanderson - Windmeijer F test | 100.32 [0.00] | | 103.99 [0.00] | |
| Kleibergen - Paap rk LM statistic | | 100.187 [0.000] | | 95.938 [0.00] |
| Cragg - Donald Wald F statistic | | 110.074 | | 90.556 |
| Kleibergen - Paap rk Wald F statistic | | 100.318 | | 103.992 |

表 6-8 中模型（6-25）~模型（6-28）分别汇报了三个工具变量两个阶段的估计结果。第一阶段，Sanderson - Windmeijer F test 的值分别是 100.32 和 103.99，对应的 P 值均在 1% 的水平上显著，满足工具变量的相关性要求。港口距离（*Port*）和坡度（*Spole*）的系数分别为 -0.1317 和 -0.1491，与市场化呈现显著的负向关系。港口距离越远，市场化程度越低，这与我国自沿海向内陆的改革开放进程相一致。坡度越大，市场化程

度越低，主要是由于开发难度大，难以形成商品集散的外部条件。第二阶段，*Kleibergen – Paap LM* 统计量进行不可识别检验在 1% 水平上拒绝了"工具变量不可识别"的原假说。根据 Cragg – Donald Wald F 统计量和 Kleibergen – Paap rk Wald F 统计量的弱工具变量检验，该统计量均大于 1% 水平上的临界值，表明不存在弱工具变量问题。*Market* 的系数估计分别是 0.7252 和 0.4261，都在 1% 的显著性水平上显著。港口距离和坡度是市场化的反向指标，因此以工具变量替换市场化程度得到的估计结果与基准回归一致，说明在控制了内生性以后，基准回归的结论仍然稳健。

3. 稳健性检验

（1）GMM 估计。考虑到土地资源错配存在"路径依赖"，因此加入被解释变量的滞后项，扩展到动态面板模型。动态面板模型使用 POLS 或者 FE 估计可能产生偏误，因此使用广义矩估计（GMM）。表 6 – 9 模型（6 – 31）中 AR（1）在 1% 的水平上显著而 AR（2）不显著，说明模型存在一阶序列自相关但是不存在二阶序列自相关，加入被解释变量的滞后项具有合理性；同方差假设下，Sargen 检验的 P 值为 0.096；异方差假设下，Hansen J 检验的 P 值为 0.226，无法拒绝所有工具变量都是外生的原假设。基于 GMM 估计，工具变量合理的情况下，市场化的系数为 – 0.0430，在 5% 的水平上显著，与基准回归结果一致。

表 6 – 9　　　　　　　　　　　GMM 回归

| 变量 | 模型（6 – 29）<br>FE<br>*LPD* | 模型（6 – 30）<br>POLS<br>*LPD* | 模型（6 – 31）<br>GMM<br>*LPD* |
|---|---|---|---|
| *L. LPD* | 0.0702 ***<br>（4.06） | 0.3901 ***<br>（11.46） | 0.1239<br>（0.64） |
| *Market* | – 0.0365 ***<br>（– 7.40） | – 0.0093 ***<br>（– 3.36） | – 0.0430 **<br>（– 2.49） |

续表

| 变量 | 模型（6-29） | 模型（6-30） | 模型（6-31） |
|---|---|---|---|
| | FE | POLS | GMM |
| | LPD | LPD | LPD |
| RD | 0.0939<br>(0.83) | -0.1225<br>(-1.22) | 1.9864 *<br>(1.77) |
| FDI | 0.0722<br>(0.13) | 0.0340<br>(0.09) | -8.4323 **<br>(-2.35) |
| DENS | -0.0099<br>(-0.15) | -0.0712 ***<br>(-5.41) | -0.1015<br>(-0.68) |
| Finance | 0.0000<br>(0.00) | -0.0443 ***<br>(-2.61) | -0.3490 *<br>(-1.85) |
| Consumption | 0.1048<br>(0.58) | 0.1790 **<br>(2.24) | 0.6267<br>(0.83) |
| Resource | -0.0010<br>(-0.38) | 0.0043 ***<br>(3.80) | -0.0088<br>(-0.63) |
| GOV | 0.0104<br>(1.31) | 0.0133 *<br>(1.91) | 0.1504<br>(1.35) |
| PGDP | 0.0360<br>(0.49) | 0.0407 *<br>(1.81) | 0.2285<br>(0.63) |
| Market | 0.4621<br>(0.60) | 0.3369<br>(1.55) | -0.6936<br>(-0.20) |
| Observations | 3130 | 3130 | 3130 |
| $R^2$ | 0.053 | 0.310 | |
| AR（1） | | | -3.00 [0.003] |
| AR（2） | | | 0.92 [0.357] |
| Sargen Test | | | 13.50 [0.096] |
| Hansen J Test | | | 10.59 [0.226] |

注：*** 表示通过了1%显著性检验，** 表示通过了5%显著性检验，* 表示通过了10%显著性检验。括号内为 t 值。

（2）异质性分析。市场化对土地资源错配的影响存在异质性。考虑到区域差异、城市规模差异对 285 个城市进行子样本划分，估计结果如表 6-10 所示。表 6-10 将样本划分为东部地区和中西部地区、大中城市和非大中城市。东部地区市场化的系数为 0.0057，未通过显著性检验，中西部地区的系数为 -0.0201，通过了 1% 的显著性水平。对于东部地区而言，市场化发展较早，市场制度较为完善，市场化早已在土地要素市场配置中发挥了作用。因此单纯的提升市场化水平难以有效的缓解土地资源错配。中西部地区市场化发展程度较低，且由于产业特征和经济水平，"以地引资"的现象更加普遍。"偏向中西部"的土地供应政策，进一步扭曲了中西部的土地资源错配，因此，适当的引入市场机制，建设全国土地资源统一大市场，可以有效地降低中西部地区的土地要素扭曲程度。

表 6-10　　　　　　　　　　异质性分析

| 变量 | 东部 | 中西部 | 大中城市 | 非大中城市 |
|------|------|--------|----------|------------|
| *Market* | 0.0057<br>(1.09) | -0.0201 ***<br>(-5.92) | -0.0142 ***<br>(-2.89) | -0.0164 ***<br>(-4.23) |
| *RD* | -0.2461<br>(-0.91) | -0.0092<br>(-0.05) | -0.0607<br>(-0.23) | -0.1426<br>(-0.72) |
| *FDI* | 1.9174 **<br>(2.52) | -1.1432 **<br>(-2.13) | 0.5202<br>(0.73) | -0.1216<br>(-0.20) |
| *DENS* | 0.1464 ***<br>(7.20) | -0.1478 ***<br>(-15.19) | -0.0426 **<br>(-2.53) | -0.1098 ***<br>(-9.16) |
| *Finance* | 0.0471 *<br>(1.69) | -0.0919 ***<br>(-5.44) | -0.0152<br>(-0.52) | -0.0356<br>(-1.33) |
| *Consumption* | -0.4398 ***<br>(-2.88) | 0.4345 ***<br>(4.33) | -0.0465<br>(-0.32) | 0.2458 **<br>(2.22) |
| *Resource* | -0.000439<br>(-0.23) | 0.0067 ***<br>(8.48) | 0.0053 ***<br>(2.90) | 0.0058 ***<br>(5.82) |

续表

| 变量 | 东部 | 中西部 | 大中城市 | 非大中城市 |
|------|------|--------|----------|------------|
| *GOV* | −0.0473 *** <br> (−3.37) | 0.019 *** <br> (3.19) | 0.0096 <br> (0.72) | 0.0154 ** <br> (2.14) |
| *PGDP* | −0.1539 *** <br> (−4.22) | 0.0689 *** <br> (3.06) | 0.0247 <br> (0.75) | 0.0712 *** <br> (2.78) |
| Constant | 0.7744 *** <br> (3.33) | 0.6435 * <br> (1.77) | 0.5171 ** <br> (1.98) | 0.1057 <br> (0.32) |
| Observations | 1379 | 2036 | 826 | 2589 |
| ChowTest | 11.28 *** | 4.81 *** | | |
| Empirical P − value | 0.000 | 0.000 | | |

注：*** 表示通过了 1% 显著性检验，** 表示通过了 5% 显著性检验，* 表示通过了 10% 显著性检验。括号内为 t 值。

大中城市和非大中城市的系数分别是 −0.0142 和 −0.0164，市场化与土地要素价格扭曲在 1% 的水平上呈现负相关。邹检验（Chow Test）的值为 4.81，在 1% 的水平上拒绝大中城市和非大中城市无结构差异的原假设。这意味着市场化程度的提升，对于非大中城市的影响更加明显，高于大中城市 0.22 个百分点。大中城市的土地存量较少，市场化程度发展较为完善。非大中城市土地存量较多，且由于产业基础薄弱，缺乏招商引资的条件，造成土地要素的价格扭曲。而市场化机制的引入，一定程度上缓解了这一现象。

# 第三节　本章小节

本章主要识别了土地资源错配的驱动因素和区域异质性来源，并从行政手段和市场化手段两方面提出了解决土地资源错配的纠偏机制。基于以上分析，发现政府和市场在土地资源错配中都起到了重要作用，因此从行政监督和市场化两方面提出了解决土地资源错配的机制。

对于行政手段，分析了领导干部自然资源离任审计制度的政策影响。2015 年中国开展了自然资源离任审计制度的试点，对地方党政领导在包括土地资源在内的自然资源和生态环境保护方面进行离任审计，2018 年这一制度正式全国推广。建立 DID 模型进行了政策评估，研究发现自然资源离任审计显著地缓解了土地要素的资源错配，试点地区和非试点地区、试点地区在试点前后的土地资源错配程度有显著变化。中介效应分析表明，自然资源离任审计制度通过影响地方环境规制、政府治理能力和地方竞争来影响土地资源错配。

对于市场化手段，基于中国土地资源跨区域交易和增减挂钩机制改革，理论分析表明跨区域交易可以显著地缓解因为土地和经济发展错配带来的土地资源错配，显著地提升了整体生产率。提出了土地类型调整、城市群内部用地调整和跨区域土地价格的整体机制，从而保障建设用地增减挂钩与城市发展相挂钩。

# 第七章

# 研究结论和政策建议

　　本书在借鉴马克思关于地租合理区间的讨论，采用商服用地价格和住宅用地价格均值与工业用地价格的比作为土地资源错配的测度指标，对中国285个城市的土地资源错配程度进行了测度和分析，并进一步研究了土地要素对生态环境和资源配置的影响，从而为理解土地资源错配带来的生态环境影响研究提供了一个新的视角，对土地资源错配驱动因素和纠偏机制的讨论为纠正中国土地资源错配、构建公平合理的要素流动机制、破除土地要素流动障碍提供了新的思路。以期为中国土地资源管理和要素市场渐进化改革提供具有针对性的参考。基于以上研究，本书总结了主要研究结论并提出相应的政策建议。

## 一、研究结论

### （一）中国土地要素存在资源错配

　　首先，通过数据的描述统计发现，发现中国总体的土地资源错配区间为5～10，也即是商住用地价格均价普遍高于工业用地的5～10倍，土地要素价格存在一定程度上的扭曲。基于核密度的数据分布趋势发现，中国土地资源错配呈现峰度从左侧集中向中间逐渐平缓的趋势发展，逐渐趋向于正态化，说明土地资源错配程度整体表现出扭曲度增加的趋势。通过子样本对比发现，东部地区和大中城市峰度下降更快，而中西部和中小城市右侧拖尾现象更加严重。意味着东部地区和大中城市内错配整体扩大但是差异缩小，中西部和中小城市部分地区存在土地资源高度错配的状况。

其次，通过 Dagum 基尼系数分析发现，中国土地资源错配程度的基尼系数逐渐缩小，但是通过对基尼系数的分解发现，基尼系数缩小的原因是区域间差异和超变密度的缩小，而区域内部差异逐渐扩大，说明各地区不同时间上的基尼系数呈现扩大趋势，土地资源错配呈现整体错配程度扩大但是内部差异缩小的发展趋势。

最后，收敛性分析和空间相关性分析表明，整体上中国土地资源错配呈现出收敛状态，通过聚类俱乐部收敛的检验发现，多数地区（209 个）的收敛速度较快，仅有 53 个地区的土地资源错配不存在俱乐部收敛。说明土地资源错配向着稳态路径快速发展，呈现出高水平错配收敛的特征。空间相关性的分析也表明由于各地区错配程度的增加，局域 LISA 图表现出明显的集聚状态。

（二）土地资源错配导致环境效率损失

基于生产函数的理论模型推导验证，土地资源错配导致了生产率降低以及污染治理投入降低，从而表现为土地资源错配对环境污染产生影响。基于此构建土地资源错配与环境污染的影响。研究发现，首先，在使用 GMM 控制模型内生性的情况下，土地资源错配直接导致了碳排放和综合环境污染指数的增长，土地资源错配程度越高的地区，其碳排放和环境综合污染指数越高。其次，调节效应模型分析发现，土地资源错配主要是通过环境规制、资源依赖程度、地方竞争和产业结构升级调整等路径对环境污染产生影响。最后，基于环境污染和土地资源错配的空间相关性，对土地资源错配影响环境污染的空间效应进行分解发现，土地资源错配不仅对本地区环境污染产生影响，还可以通过污染扩散和竞争效应对邻近地区产生溢出效应，导致邻近地区环境污染水平的同步增长。

### （三）土地资源错配导致资源错配

首先，土地资源错配增加了地区全要素生产率。扭曲的土地要素价格降低了企业的成本，孤立了企业投资，形成对经济的拉动作用，从而能够提升全要素生产率。

其次，土地资源错配扩大了全要素生产率缺口。基于群组前沿和共同前沿对全要素生产率的测度显示，当前中国全要素生产率仍然具有较大程度的进步潜力，但是由于土地资源错配的存在，导致实际生产率与潜在生产率之间的缺口逐渐扩大。随着土地资源错配程度的增加，全要素生产率的效率损失也在扩大，这为解释中国经济增长速度逐渐放缓提供了思路，也即是土地资源错配虽然短暂地提升了全要素生产率，但是也带来了效率损失，当土地资源错配逐渐扩大时候，效率损失负面作用逐渐凸显，从而损害社会经济发展。

最后，土地资源错配通过影响技术要素、劳动要素、资本要素和土地要素配置效率而影响全要素生产率。研究表明，土地资源错配带来了技术配置无效率与要素资源配置无效率，其中要素资源配置无效率的产生主要是投入要素的错配，也即是土地要素、劳动要素和资本要素。土地价格扭曲产生的投资挤占、劳动分配差异和土地利用结构不合理等导致资源错配。

### （四）行政和市场手段能够纠正土地资源错配

首先，利用数据导向的 GSREG 方法对模型的变量进行了筛选，构建了土地要素价格影响要素的模型。并利用相对重要性对各变量在模型中的贡献程度进行了分析，研究发现政府因素和市场因素是土地资源错配的主要因素。其中政府因素主要与政府治理能力、财政缺口、经济增长速度和土地财政依赖程度相关，这是导致土地资源错配的人为因素；市场因素包括消费市场、金融发展和房地产投资等。

其次，通过 RIF 函数回归模型以及 OB 分解对土地资源错配的异质性来源进行了分析。通过对东部与中西部，大中城市和非大中城市土地资源错配异质性因素的对比发现，纯系数效应并未对土地资源错配差异的基尼系数产生明显贡献，意味着不存在由于经济增长、政府治理、财政压力、资源禀赋等完全一致但土地资源错配程度差异的现象。其含义是，土地资源错配并非自然存在的现象，其明显受到各地区发展特征的影响。

最后，针对土地资源错配的行政手段和市场手段进行了分析。行政手段以 2015 年试点，2018 年推广的党政领导干部自然资源离任审计制度作为政策分析变量，由于自然资源离任审计制度明确规定了对于土地出让、土地价格等的离任监督，基于此建立双重差分模型。研究表明自然资源离任审计制度试点地区和非试点地区、试点前后的土地资源错配程度存在明显差异，自然资源离任审计制度能够通过影响地方引资竞争、政府治理能力和环境规制水平来影响土地资源错配程度。市场手段以土地资源跨区域交易和建设用地配额增减挂钩为基础提出了一个土地调整和交易的基本框架。

## 二、政策建议

### （一）纠正土地资源错配，促进经济高质量发展

当前中国商品市场的市场化改革基本完成，但是要素市场化改革的进程相对缓慢，特别是土地要素市场化改革总体滞后。土地资源错配制约了中国经济的转型和高质量发展，使得经济发展过程中的促增因素没有合理发挥，促减因素没有有效抑制，经济被锁定在粗放发展道路上，因此纠正土地资源错配成为当前土地要素市场建设的首要任务。

首先，依靠土地要素市场改革转变经济增长动力。当前中国地方政府依靠"以地引资"和"土地财政"推动经济发展实现资本积累的目标基

本完成，随着经济增速的放缓通过扭曲地价来促进企业投资的成本逐渐提升，要素投入的边际收益递减。创新驱动逐渐成为经济增长新动力，而扭曲的土地要素价格使得企业和政府创新投入的意愿降低，不利于经济实现高质量发展，因此土地要素价格改革的迫切性逐渐提升。纠正土地要素价格的成本逐渐大于收益，为土地要素市场化改革提供了动力，能够促进中国经济从投资驱动向创新驱动发展。

其次，依靠土地要素市场化改革提升竞争力和资源配置效率。土地要素资源错配带来了资本、劳动、技术要素资源的错配，通过纠正土地资源错配，能够降低经济增长中要素资源错配带来的经济效率损失，从而降低环境污染、缩小经济缺口以及提高全要素生产率。因此进行土地要素市场化改革能够纠正土地资源错配，并最终促进资源优化配置。

（二）改革土地出让价格形成机制，厘清政府与市场边界

首先，价格机制需要以产权机制为前提。土地所有权归属国家和集体所有是中国社会主义土地制度的重要内容，土地转让权由地方政府控制，由此形成了委托代理机制，土地的所有权和经营权相分离。因此需要健全土地要素的产权机制，在保障土地国家和集体所有制不变的情况下，对土地的转让权、使用权和收益权等进行界定，落实土地资源的所有权、承包权和经营权，创新产权实现形式。建立归属明晰、权责明确、流转顺畅的土地要素产权制度是土地要素市场化存在和发展的基础和前提，土地资源错配的原因及其影响都直接或者间接地与土地产权制度有所关联，委托代理机制产生的逆向选择和道德风险是地方政府干预土地出让，土地产权制度为实现土地要素市场化有序发展提供有力的制度保障。

其次，发挥市场在资源配置中的作用。长期以来土地国家所有被认为是土地市场化的主要障碍，然而2007年土地市场化改革以后的实践证明，土地"招拍挂"出让比例的稳步提升反映了土地市场化发育程度的不断提升，土地国家所有依然可以促进土地市场化发展。虽然"招拍挂"将市场机制引入土地出让管理中，使得市场竞争发挥了作用，但是土地要素

市场的市场资源配置作用尚未完全发挥。需要在现有"招拍转"土地出让机制的基础上，扩展政府土地出让的市场化新形式，保障市场竞争机制在土地价格形成中的作用，促进公平、合理、公开、透明的土地市场价格形成机制。

最后，厘清政府与市场关系，发挥政府宏观调控职能。土地作为一种稀缺资源和公共物品，不仅关系到经济发展还关系到整体社会福利和中国可持续发展。过低的土地价格导致了土地资源利用效率的降低，而土地价格过高推升了高房价，导致社会成本过高。鉴于当前政府在土地出让中作用，需要改变地方政府激励机制，规范地方政府行为，发挥国家审计在政府土地要素市场建设中的作用，运用大数据技术加强对土地利用、产业发展和环境保护的监督审计，提高政府审计的效率，促进地方政府在土地要素市场化建设中从"全能政府"转变为"有限政府"。

（三）保障要素市场建设的渐进性与协同性，破解土地要素合理流动障碍

首先，土地要素市场改革需要与劳动、资本、技术、数据等要素市场建设同步进行。虽然中国资本要素和劳动要素的市场化进程相比较于其他要素发展较为迅速，但是相比于商品市场市场化程度仍然较为滞后。土地要素与劳动和资本要素关联密切，同时能够影响技术和数据要素的发展，因此在土地要素市场化改革中要注重多种要素的协同发展，避免出现人口城镇化和土地城镇化不匹配导致的劳动错配、投资驱动和创新驱动不匹配导致的资本和技术错配等问题。

其次，要素流动的主要障碍是技术壁垒和市场分割，毫无疑问土地要素市场的主要壁垒来源于城乡土地分割、土地用途分割以及区域间不可流动性。在保障"18亿亩"农业用地红线不变的情况下，需要积极探索土地资源的跨区域交易和配额增减挂钩机制。当前中国土地要素跨区域调配试点范围十分有限且多数试点与"扶贫攻坚"相结合，对于非贫困地区试点的经验和数据仍然缺乏，这一概念仍然停留在理论层面。但是土地要

素的流动是中国农业集约化和城市化布局不可逾越的阶段，需要构建完善的土地交易机制，在保障粮食安全、国家安全和社会福利的前提下，积极探索扩展土地跨区域流动的体系和保障。

最后，土地要素市场改革需要与财税制度改革相匹配。地方政府对"土地财政"的依赖是当前土地要素市场化改革过程中的主要困难，因此财税制度的改革需要与土地要素市场改革相配套，降低地方政府对于土地财政的依赖程度，防范和化解"土地财政""土地融资"带来的地方政府债务风险。

# 参 考 文 献

[1] 白俊红，卞元超. 要素市场扭曲与中国创新生产的效率损失 [J]. 中国工业经济，2016.

[2] 陈诗一，陈登科. 雾霾污染，政府治理与经济高质量发展 [J]. 经济研究，2018 (53)：20 - 34.

[3] 杜俊涛，陈雨，宋马林. 财政分权，环境规制与绿色全要素生产率 [J]. 科学决策，2017：65 - 92.

[4] 杜能. 孤立国同农业和国民经济的关系 [M]. 商务印书馆，1986.

[5] 傅勇. 财政分权、政府治理与非经济性公共物品供给 [J]. 经济研究，2010 (45)：4 - 15 + 65.

[6] 葛继红，周曙东. 要素市场扭曲是否激发了农业面源污染——以化肥为例 [J]. 农业经济问题，2012：92 - 98.

[7] 郭琎，王磊. 完善我国要素价格的市场化形成机制 [J]. 宏观经济管理，2019：18 - 24.

[8] 韩峰，柯善咨. 空间外部性、比较优势与制造业集聚——基于中国地级市面板数据的实证分析 [J]. 数量经济技术经济研究，2013 (30)：22 - 38 + 116.

[9] 韩璐，鲍海君. 基于 Cobb - Douglas 生产函数的高技术产业用地行业错配及其产出缺口研究 [J]. 中国土地科学，2019 (33)：37 - 46.

[10] 韩平，吴呈庆. 要素价格扭曲及对经济结构的影响研究 [J]. 哈尔滨商业大学学报（社会科学版），2012：3 - 9.

[11] 胡求光，周宇飞. 开发区产业集聚的环境效应：加剧污染还是

促进治理？[J].中国人口·资源与环境，2020，v.30；No.242：66-74.

[12]黄健柏，徐震，徐珊.土地价格扭曲、企业属性与过度投资——基于中国工业企业数据和城市地价数据的实证研究[J].中国工业经济，2015：57-69.

[13]黄溶冰，赵谦，王丽艳.自然资源资产离任审计与空气污染防治："和谐锦标赛"还是"环保资格赛"[J].中国工业经济，2019：23-41.

[14]冀云阳，付文林，杨寓涵.土地融资，城市化失衡与地方债务风险[J].统计研究，2019（36）：91-103.

[15]李广瑜，陆蒙华，赵子健，等.深化要素价格改革对产业转型升级的影响研究[J].价格理论与实践，2016：93-96.

[16]李杰伟，陆铭.城市人多添堵？——人口与通勤的实证研究和中美比较[J].世界经济文汇，2018（247）：5-20.

[17]李永，王艳萍，孟祥月.要素市场扭曲是否抑制了国际技术溢出[J].金融研究，2013：140-153.

[18]李玉龙.地方政府债券，土地财政与系统性金融风险[J].财经研究，2019（45）.

[19]林伯强，杜克锐.要素市场扭曲对能源效率的影响[J].经济研究，2013：125-136.

[20]林锦屏，周美岐，郭来喜，等.近代德国地理学的理论与贡献[J].世界地理研究，2021：1-19.

[21]刘琼，杜晓航，盛业旭.基于阶段对比的中国人口城镇化与土地城镇化协调关系[J].中国人口资源与环境，2018（28）：26-34.

[22]刘修岩，杜聪，李松林.自然地理约束、土地利用规制与中国住房供给弹性[J].经济研究，2019（54）：99-115.

[23]刘永健，耿弘，孙文华.我国建设用地资源错配的测算、因素分解及产出损失研究[J].系统工程理论与实践，2019（39）：2263-2271.

[24] 刘玉廷，武威. 行政事业单位内部控制的基本假设重构：对公共受托责任视角的突破和整合 [J]. 财政研究，2019：8.

[25] 刘竹青，佟家栋. 要素市场扭曲、异质性因素与中国企业的出口–生产率关系 [J]. 世界经济，2017：78–99.

[26] 陆铭，李鹏飞，钟辉勇. 发展与平衡的新时代：新中国70年的空间政治经济学 [J]. 管理世界，2019（35）：11–23＋63＋219.

[27] 吕晓敏，刘尚睿，耿建新. 中国自然资源资产负债表编制及运用的关键问题 [J]. 中国人口·资源与环境，2020（030）：26–34.

[28] 马天明，吴昌南. 要素价格扭曲对企业家精神影响的实证分析 [J]. 统计与决策，2017：175–178.

[29] 马轶群，王文仙. 国家审计容错纠错机制的构建——理论基础，现实问题与可行路径 [J]. 中南财经政法大学学报，2018：25–31.

[30] 倪鹏飞，沈立. 制度偏漏、机制扭曲与房价蔓延式飙升：2016年中国楼市分析 [J]. 社会科学研究，2019（000）：104–112.

[31] 宋马林，金培振. 地方保护，资源错配与环境福利绩效 [J]. 经济研究，2016（51）：47–61.

[32] 谭洪波. 中国要素市场扭曲存在工业偏向吗?：基于中国省级面板数据的实证研究 [J]. 管理世界，2015（000）：96–105.

[33] 谭术魁，王斯亮. 城市偏向视角下的征地价格扭曲：机理、测度与特征 [J]. 中国土地科学，2015（29）：58–65.

[34] 唐宇娣，朱道林，程建，等. 差别定价的产业用地供应策略对产业结构升级的影响——基于中国277个城市的实证分析 [J]. 资源科学，2020（42）：548–557.

[35] 汪冲. 用地管控，财政收益与土地出让：央地用地治理探究 [J]. 经济研究，2019（54）：54–69.

[36] 王兵，曾志奇，杜敏哲. 中国农业绿色全要素生产率的要素贡献及产区差异：基于Meta–SBM–Luenberger生产率指数分析 [J]. 产经评论，2020（11）：69–87.

［37］王媛.政府干预与地价扭曲：基于全国微观地块数据的分析［J］.中国经济问题，2016：29－41.

［38］韦伯.工业区位论［M］.商务印书馆，1997.

［39］韦朕韬，赵仁康.土地价格扭曲、收入分配与我国居民消费［J］.现代经济探讨，2018：8－14.

［40］温秀萍.土地利用更新调查中坡度分级数据库建设方法研究［J］.中国土地科学，2007：46－52.

［41］吴建新，郭智勇.基于连续性动态分布方法的中国碳排放收敛分析［J］.统计研究，2016（33）：54－60.

［42］谢冬水.土地资源错配与城市创新能力——基于中国城市面板数据的经验研究［J］.经济学报，2020（7）：86－112.

［43］谢攀，龚敏.矫正要素比价扭曲、资源错配与发展转型［J］.求是学刊，2015（42）：66－73.

［44］谢贤君.要素市场扭曲如何影响绿色全要素生产率——基于地级市经验数据研究［J］.财贸研究，2019（030）：36－46.

［45］徐光伟，谭瑾，孙铮.地方政府赶超压力对辖区企业过度投资的影响［J］.外国经济与管理，2018（40）：123－139.

［46］闫先东，张鹏辉.土地价格，土地财政与宏观经济波动［J］.金融研究，2019（471）：1－18.

［47］杨斌，王占岐，姚小薇，等.鄂西北山区土地利用的地形梯度效应与空间结构特征［J］.长江流域资源与环境，2019（v.28）：76－84.

［48］杨其静，彭艳琼.晋升竞争与工业用地出让：基于2007～2011年中国城市面板数据的分析［J］.经济理论与经济管理，2015：5－17.

［49］杨其静，卓品，杨继东.工业用地出让与引资质量底线竞争：基于2007～2011年中国地级市面板数据的经验研究［J］.管理世界，2014：24－34.

［50］杨晓和，冯丽丽，荣坎.领导干部土地资源资产离任审计研究［J］.审计研究，2017：22－27.

[51] 杨轶波. 中国分行业物质资本存量估算（1980~2018 年）［J］. 上海经济研究, 2020: 32-45.

[52] 于明超, 吴淑媛. 要素市场扭曲与家庭创业: 基于中国家庭追踪调查（Cfps）数据的实证分析［J］. 云南财经大学学报, 2020.

[53] 余东华, 吕逸楠. 政府不当干预与战略性新兴产业产能过剩: 以中国光伏产业为例［J］. 中国工业经济, 2015: 53-68.

[54] 余东华, 张维国, Yu et al. 要素市场扭曲, 资本深化与制造业转型升级［J］. 当代经济科学, 2018（02）: 120-129+134.

[55] 余靖雯, 王敏, 郭凯明. 土地财政还是土地金融?: 地方政府基础设施建设融资模式研究［J］. 经济科学, 2019: 69-81.

[56] 郁建兴, 高翔. 地方发展型政府的行为逻辑及制度基础［J］. 中国社会科学, 2012（5）: 95-112.

[57] 张杰, 周晓艳, 李勇. 要素市场扭曲抑制了中国企业 R&D?［J］. 经济研究, 2011（000）: 78-91.

[58] 张莉, 李舒雯, 农汇福. 土地规制度量及其对住宅用地价格的影响［J］. 中国经济问题, 2020: 104-121.

[59] 张路, 龚刚. 房地产周期, 地方政府财政压力与融资平台购地［J］. 财经研究, 2020（46）: 4-18.

[60] 张少辉, 余泳泽. 土地出让、资源错配与全要素生产率［J］. 财经研究, 2019（45）: 73-85.

[61] 赵新宇, 郑国强. 地方经济增长目标与要素市场扭曲［J］. 经济理论与经济管理, 2020: 37-49.

[62] 赵自芳, 史晋川. 中国要素市场扭曲的产业效率损失: 基于 dea 方法的实证分析［J］. 中国工业经济, 2006: 40-48.

[63] 郑世林, 杨梦俊. 中国省际无形资本存量估算: 2000~2016 年［J］. 管理世界, 2020（36）: 67-81+110+182.

[64] 郑展鹏, 岳帅. 制度质量、人口结构与出口技术复杂度［J］. 北京理工大学学报（社会科学版）, 2020（22）: 70-78.

［65］Alan S, Ertac S, Mumcu I. Gender Stereotypes in the Classroom and Effects on Achievement ［J］. Working Papers, 2017.

［66］Albrizio S, Kozluk T, Zipperer V. Environmental policies and productivity growth: Evidence across industries and firms ［J］. Journal of Environmental Economics and Management, 2017（81）: 209 – 226.

［67］Anderson J E. Taxes and fees as forms of land use regulation ［J］. The Journal of Real Estate Finance and Economics, 2005（31）: 413 – 427.

［68］Anselin L, Cho W K T. Spatial effects and ecological inference ［J］. Political analysis, 2002: 276 – 297.

［69］Badeeb R A, Lean H H, Shahbaz M. Are too many natural resources to blame for the shape of the Environmental Kuznets Curve in resource-based economies? ［J］. Resources Policy, 2020（68）: 101694.

［70］Bhagwati J N, Brecher R A, Hatta T. The Generalized Theory of Transfers and Welfare: Exogenous（Policy-Imposed）and Endogenous（Transfer-Induced）Distortions ［J］. The Quarterly Journal of Economics, 1985（100）: 697 – 714.

［71］Bond S R. Dynamic panel data models: a guide to micro data methods and practice ［J］. Portuguese Economic Journal, 2002（1）: 141 – 162.

［72］Bond S R, Hoeffler A, Temple J R. GMM estimation of empirical growth models ［J］. Avoiloble at SSRN 290522, 2001.

［73］Budescu D V. Dominance Analysis: A New Approach to the Problem of Relative Importance of Predictors in Multiple Regression ［J］. Psychological Bulletin, 1993（114）: 542 – 551.

［74］Bui D T. Transmission channels between financial development and $CO_2$ emissions: A global perspective ［J］. Heliyon, 2020（6）.

［75］Cai Y, Wenxin Z, Yanwen Z. Discussion on evolution of land-use planning in China ［J］. China City Planning Review, 2009（18）: 32 – 37.

［76］Cao Y, Zhang X, Zhang X et al. The incremental construction land differentiated management framework: the perspective of land quota trading in China [J]. Land Use Policy, 2020 (96): 104675.

[77] Castle J. Empirical modeling and model selection for forecasting inflation in a non-stationary world [M]. Nuffield College University of Oxford, 2006.

[78] Chambers R G, Chung Y, Färe R. Benefit and distance functions [J]. Journal of Economic Theory, 1996 (70): 407 – 419.

[79] Charfeddine L, Kahia M. Impact of renewable energy consumption and financial development on CO2 emissions and economic growth in the MENA region: A panel vector autoregressive (PVAR) analysis [J]. Renewable Energy, 2019 (139): 198 – 213.

[80] Chen W, Shen Y, Wang Y. Does industrial land price lead to industrial diffusion in China? An empirical study from a spatial perspective [J]. Sustainable Cities and Society, 2018.

[81] Cheng Z, Liu J, Li L et al. Research on meta-frontier total-factor energy efficiency and its spatial convergence in Chinese provinces [J]. Energy Economics, 2020 (86).

[82] Chiu C, Liou J, Wu P et al. Decomposition of the environmental inefficiency of the meta-frontier with undesirable output [J]. Energy Economics, 2012 (34): 1392 – 1399.

[83] Chu, Geng, Guo. How Does Energy Misallocation Affect Carbon Emission Efficiency in China? An Empirical Study Based on the Spatial Econometric Model [J]. Sustainability, 2019 (11).

[84] Cole M A, Elliott R J, Zhang J. Growth, foreign direct investment, and the environment: evidence from Chinese cities [J]. Journal of Regional Science, 2011 (51): 121 – 138.

[85] Conley T G, Hansen C B, Rossi P E. Plausibly Exogenous [J]. Review of Economics & Stats, 2012 (94): 260 – 272.

［86］Cowell F, Flachaire E. Income distribution and inequality measurement: The problem of extreme values ［J］. Journal of Econometrics, 2007 (141): 1044 – 1072.

［87］Davies J B, Fortin N M, Lemieux T. Wealth inequality: Theory, measurement and decomposition ［J］. Canadian Journal of Economics/Revue canadienne d'économique, 2017 (50): 1224 – 1261.

［88］Dempsey J A, Plantinga A J. How well do urban growth boundaries contain development? Results for Oregon using a difference-in-difference estimator ［J］. Regional Science and Urban Economics, 2013 (43): 996 – 1007.

［89］Du J, Sun Y. The nonlinear impact of fiscal decentralization on carbon emissions: from the perspective of biased technological progress ［J］. Environmental Science and Pollution Research, 2021 (10).

［90］Du J, Thill J C, Peiser R B. Land pricing and its impact on land use efficiency in post-land-reform China: A case study of Beijing ［J］. Cities, 2016 (50): 68 – 74.

［91］Elhorst J. P. Specification and Estimation of Spatial Panel Data Models ［J］. International Regional ence Review, 2016 (26): 244 – 268.

［92］Elhorst P, Zandberg E, De Haan J. The impact of interaction effects among neighbouring countries on financial liberalization and reform: A dynamic spatial panel data approach ［J］. Spatial Economic Analysis, 2013 (8): 293 – 313.

［93］Fields G S. Accounting for income inequality and its change: A new method, with application to the distribution of earnings in the United States ［M］. Worker well-being and Public Policy. Emerald Group Publishing Limited. 2002.

［94］Fu S, Xu X, Zhang J. Land Conversion and Misallocation Across Cities in China ［J］. Working Paper, 2019.

［95］Gluzmann P, Panigo D. Global search regression: A new automatic model-selection technique for cross-section, time-series, and panel-data regressions [J]. Stata Journal, 2015 (15): 325 – 349.

[96] Grossman G M, Krueger A B. The inverted – U: what does it mean? [J]. Environment & Development Economics, 1996 (1).

[97] Gu C, Wei Y D, Cook I G. Planning Beijing: socialist city, transitional city, and global city [J]. Urban geography, 2015 (36): 905 – 926.

[98] Han W, Zhang X, Zheng X. Land use regulation and urban land value: Evidence from China [J]. Land Use Policy, 2020, 92.

[99] Hansen G D, Prescott E C. Malthus to solow [J]. American Economic Review, 2002 (92): 1205 – 1217.

[100] Hausman J, Stock J H, Yogo M. Asymptotic properties of the Hahn – Hausman test for weak-instruments [J]. Economics Letters, 2005 (89).

[101] Ho S, Lin G. Emerging Land Markets in Rural and Urban China: Policies and Practices [J]. China Quarterly, 2003 (175): 681 – 707.

[102] Hsieh C, Klenow P J. Misallocation and Manufacturing TFP in China and India [J]. The Quarterly Journal of Economics, 2009 (124): 1403 – 1448.

[103] Huang D, Chan R C. On 'land finance' in urban China: Theory and practice [J]. Habitat International, 2018 (75): 96 – 104.

[104] Huang Z, Du X. Government intervention and land misallocation: Evidence from China [J]. Cities, 2017 (60): 323 – 332.

[105] Huang Z, Du X, Salvador C, et al. How does urbanization affect farmland protection? Evidence from China [J]. Resources Conservation & Recycling, 2019.

[106] Hussain J, Khan A, Zhou K. The impact of natural resource depletion on energy use and $CO_2$ emission in Belt & Road Initiative countries: A cross-country analysis [J]. Energy, 2020 (199): 117409.

[107] Jiang G, Ma W, Qu Y et al. How does sprawl differ across urban built-up land types in China? A spatial-temporal analysis of the Beijing metropoli-

tan area using granted land parcel data [J]. Cities, 2016 (58): 1-9.

[108] Kashdan, Todd, B et al. Materialism and Diminished Well - Being: Experiential Avoidance as a Mediating Mechanism [J]. Journal of Social and Clinical Psychology, 2007.

[109] Keil R, Macdonald S. Rethinking urban political ecology from the outside in: greenbelts and boundaries in the post-suburban city [J]. Local Environment, 2016 (21): 1516-1533.

[110] Kleibergen F, Paap R. Generalized reduced rank tests using the singular value decomposition [J]. Journal of Econometrics, 2006 (133): 97-126.

[111] Krishnan K P, Panchapagesan V, Venkataraman M. Distortions in land markets and their implications to credit generation in India [J]. Indira Gandhi Institute of Development Research Mumbai Working Papers, 2016 (52).

[112] Lesage J, Pace R K. Introduction to Spatial Econometrics [J]. Revue des études islamiques, 2008: 19-44.

[113] Li Y, Li J, Gong Y et al. $CO_2$ emission performance evaluation of Chinese port enterprises: A modified meta-frontier non-radial directional distance function approach [J]. Transportation Research Part D: Transport and Environment, 2020 (89).

[114] Liu L, Liu Z, Gong J et al. Quantifying the amount, heterogeneity, and pattern of farmland: Implications for China's requisition-compensation balance of farmland policy [J]. Land Use Policy, 2019 (81): 256-266.

[115] Liu Y, Geng H. Regional Competition in China under the Price Distortion of Construction Land: A Study Based on a Two-regime Spatial Durbin Model [J]. China & World Economy, 2019 (27).

[116] Loupias C, Wigniolle B. Population, land, and growth [J]. Economic Modelling, 2013 (31): 223-237.

[117] Lu J, Li B, Li H. The influence of land finance and public service

supply on peri-urbanization：Evidence from the counties in China ［J］. Habitat International，2019（92）.

［118］Ma X，Wang J，Yu F et al. Can MODIS AOD be employed to derive PM2. 5 in Beijing – Tianjin – Hebei over China？ ［J］. Atmospheric Research，2016（181）：250 – 256.

［119］Meng F，Su B，Wang Q. Meta-frontier-based assessment on carbon emission performance considering different mitigation strategies：Evidence from China's manufacturing sectors ［J］. Journal of Cleaner Production，2021（289）.

［120］Miri M，Ghassoun Y，Dovlatabadi A et al. Estimate annual and seasonal PM1，PM2. 5 and PM10 concentrations using land use regression model ［J］. Ecotoxicology and Environmental Safety，2019（174）：137 – 145.

［121］Ng M K，Xu J. Development control in post-reform China：the case of Liuhua Lake Park，Guangzhou ［J］. Cities，2000（17）：409 – 418.

［122］Oh D – H. A global Malmquist – Luenberger productivity index ［J］. Journal of Productivity Analysis，2010（34）：183 – 197.

［123］Oláh J，Máté D，Popp J et al. Do institutional quality，innovation and ICT technologies promote financial market development？ ［J］. European Journal of International Management，2020（14）：1.

［124］Phillips P C B，Sul D. Transition Modeling and Econometric Convergence Tests ［J］. Social Science Electronic Publishing，2007：1771 – 1855.

［125］Qiu G，Song R，He S. The aggravation of urban air quality deterioration due to urbanization，transportation and economic development – Panel models with marginal effect analyses across China ［J］. Science of the Total Environment，2019（651）：1114 – 1125.

［126］Qu Y，Zhang Z，Feng Y. Effects of Land Finance on Resource Misallocation in Chinese Cities during 2003 ~ 2017：A Dynamic Panel Econometric Analysis ［J］. Discrete Dynamics in Nature and Society，2020：1 – 10.

［127］Restuccia D，Santaeulalia – Llopis R. Land Misallocation and Productivity [J]. NBER Working Paper, 2017: 23128.

[128] Romer P M. Increasing returns and long-run growth [J]. Journal of Political Economy, 1986 (94): 1002 – 1037.

[129] Roodman D. How to do xtabond2: An introduction to difference and system GMM in Stata [J]. The Stata Journal, 2009 (9): 86 – 136.

[130] Saizen I, Mizuno K, Kobayashi S. Effects of land-use master plans in the metropolitan fringe of Japan [J]. Landscape & Urban Planning, 2006 (78): 411 – 421.

[131] Shahbaz M, Solarin S A, Mahmood H. Does Financial Development Reduce $CO_2$ Emissions in Malaysian Economy? A Time Series Analysis [J]. Economic Modelling, 2013 (35): 145 – 152.

[132] Shu H, Xiong P – P. Reallocation planning of urban industrial land for structure optimization and emission reduction: A practical analysis of urban agglomeration in China's Yangtze River Delta [J]. Land Use Policy, 2019 (81): 604 – 623.

[133] Song M, Du J, Tan K H. Impact of fiscal decentralization on green total factor productivity [J]. International Journal of Production Economics, 2018 (205): 359 – 367.

[134] Song M, Fisher R, Kwoh Y. Technological challenges of green innovation and sustainable resource management with large scale data [J]. Technological Forecasting and Social Change, 2019a (144): 361 – 368.

[135] Song M, Pan X, Pan X, et al. Influence of basic research investment on corporate performance Exploring the moderating effect of human capital structure [J]. Management Decision, 2019b (57): 1839 – 1856.

[136] Song M, Xie Q. How does green talent influence China's economic growth? [J]. International Journal of Manpower, 2020 (41): 1119 – 1134.

[137] Song M, Xin Z, Yuping S et al. Realization of green transition based on the anti-driving mechanism: An analysis of environmental regulation

from the perspective of resource dependence in China [J]. Science of the Total Environment, 2020a (698): 134317.

[138] Song M, Zhao X, Shang Y et al. Realization of green transition based on the anti-driving mechanism: An analysis of environmental regulation from the perspective of resource dependence in China [J]. Science of the Total Environment, 2020b (698).

[139] Spalding, Ana, K. Exploring the evolution of land tenure and land use change in Panama: Linking land policy with development outcomes [J]. Land Use Policy, 2017.

[140] Stigler, George J. Perfect Competition, Historically Contemplated [J]. Journal of Political Economy, 1957 (65): 1 – 17.

[141] Stock J, Yogo M. Asymptotic distributions of instrumental variables statistics with many instruments [J]. Identification and inference for econometric models: Essays in honor of Thomas Rothenbery, 2005, 6: 109 – 120.

[142] Sun Y, Ding W, Yang Z et al. Measuring China's regional inclusive green growth [J]. Science of the Total Environment, 2020 (713).

[143] Tang H – L, Liu J – M, Wu J – G. The impact of command-and-control environmental regulation on enterprise total factor productivity: A quasi-natural experiment based on China's "Two Control Zone" policy [J]. Journal of Cleaner Production, 2020 (254).

[144] Thompson A S. Exploring the evolution of land tenure and land use change in Panama: Linking land policy with development outcomes [J]. Land Use Policy, 2017 (61): 543 – 552.

[145] Wang H, Wu X, Wu D et al. Will land development time restriction reduce land price? The perspective of American call options [J]. Land Use Policy, 2019 (83): 75 – 83.

[146] Wang M, Krstikj A, Koura H. Effects of urban planning on urban expansion control in Yinchuan City, Western China [J]. Habitat International,

2017 (64): 85 - 97.

[147] Wang N, Chen J, Yao S et al. A meta-frontier DEA approach to efficiency comparison of carbon reduction technologies on project level [J]. Renewable and Sustainable Energy Reviews, 2018 (82): 2606 - 2612.

[148] Wang Q, Wang Y, Chen W et al. Do land price variation and environmental regulation improve chemical industrial agglomeration? A regional analysis in China [J]. Land Use Policy, 2020 (94): 104568.

[149] Wen L J, Butsic V, Stapp J R et al. What happens to land price when a rural construction land market legally opens in China? A spatiotemporal analysis of Nanhai district from 2010 to 2015 [J]. China Economic Review, 2020 (62).

[150] Wu Y, Zhang X, Skitmorec M et al. Industrial land price and its impact on urban growth: A Chinese case study [J]. Land Use Policy, 2014, 10. 1016/j. landusepol. 2013: 199 - 219.

[151] Xu C. The fundamental institutions of China's reforms and development [J]. Journal of Economic Literature, 2011 (49): 1076 - 1151.

[152] Xu Z, Huang J, Jiang F. Subsidy competition, industrial land price distortions and overinvestment: empirical evidence from China's manufacturing enterprises [J]. Applied Economics, 2017 (49): 4851 - 4870.

[153] Ye D, Ng Y K, Lian Y. Culture and Happiness [J]. Social Indicators Research, 2015 (123): 519 - 547.

[154] Zhang W, Wang W, Li X et al. Economic development and farmland protection: An assessment of rewarded land conversion quotas trading in Zhejiang, China [J]. Land Use Policy, 2014.

[155] Zhou X, Cai Z, Tan K H et al. Technological innovation and structural change for economic development in China as an emerging market [J]. Technological Forecasting and Social Change, 2021a (167): 120671.

[156] Zhou X, Wang L, Du J. Institutional Environment and Green Eco-

nomic Growth in China ［J］. Complexity，2021b （2021）：6646255.

［157］Zhou X，Xia M，Zhang T et al. Energy-and Environment – Biased Technological Progress Induced by Different Types of Environmental Regulations in China ［J］. Sustainability，2020 （12）.

［158］Zhou Y，Huang X，Chen Y et al. The effect of land use planning （2006 – 2020） on construction land growth in China ［J］. Cities，2017 （68）：37 – 47.

［159］Zhu J. Local developmental state and order in China's urban development during transition ［J］. International Journal of Urban and Regional Research，2004 （28）：424 – 447.